NOTICE HISTORIQUE

SUR LE

NETTOIEMENT DE LA VILLE DE PARIS,

DEPUIS 1184 JUSQU'A L'ÉPOQUE ACTUELLE,

POUR SERVIR

A L'HISTOIRE DE LA SALUBRITÉ ET DE L'HYGIÈNE PUBLIQUES

DES GRANDES VILLES.

EXTRAIT DES

Annales d'Hygiène publique et de Médecine légale, 1849, tome XLII. Journal rédigé par MM. Adelon, Andral, Bayard, Boudin, Brierre de Boismont, Chevallier, Devergie, Gaultier de Claubry, Guérard, Kéraudren, Leuret, Orfila, Amb. Tardieu, Trébuchet, Villermé; publié depuis 1829, tous les trois mois, par cahiers de 250 pages avec planches. — Prix de l'abonnement par année, 18 francs; *franco* pour les départements, 21 francs.

A Paris, chez J.-B. Baillière, 17, rue de l'École-de-Médecine.

Paris. — Imprimerie de L. MARTINET, rue Mignon, 2.

NOTICE HISTORIQUE

SUR LE

NETTOIEMENT DE LA VILLE DE PARIS,

DEPUIS 1184 JUSQU'A L'ÉPOQUE ACTUELLE,

POUR SERVIR A L'HISTOIRE

DE LA SALUBRITÉ ET DE L'HYGIÈNE PUBLIQUES

DES GRANDES VILLES,

PAR

M. A. CHEVALLIER,

Membre du conseil de salubrité, de l'Académie de médecine, etc.

PARIS.

CHEZ J.-B. BAILLIÈRE,

LIBRAIRE DE L'ACADÉMIE NATIONALE DE MÉDECINE,

RUE DE L'ÉCOLE-DE-MÉDECINE, 17.

A LONDRES, CHEZ H. BAILLIÈRE, 219, REGENT-STREET.
A MADRID, CHEZ C. BAILLY-BAILLIÈRE, CALLE DEL PRINCIPE, N° 11

1849.

NOTICE HISTORIQUE

SUR LE

NETTOIEMENT DE LA VILLE DE PARIS,

DEPUIS 1184 JUSQU'A L'ÉPOQUE ACTUELLE,

POUR SERVIR A L'HISTOIRE DE LA SALUBRITÉ ET DE L'HYGIÈNE PUBLIQUES DES GRANDES VILLES,

Considérations préliminaires.

Les questions de salubrité et d'hygiène sont toujours des questions d'actualité. Est-il, en effet, rien de plus important que ce qui se rattache d'une manière aussi efficace à la santé des populations, à leur bien-être matériel, que ce qui exerce une si puissante influence sur le bien-être de ces mêmes populations, et surtout la propreté des grands centres qu'elles occupent? Ne sait-on point que la plus grande partie des épidémies proviennent le plus souvent des causes d'insalubrité dans des villes populeuses comme Paris ou Londres?

Ces considérations développées, selon leur importance, mèneraient trop loin; nous constaterons des faits, ils parlent seuls un langage assez éloquent.

Notre but n'est pas d'exposer seulement des faits historiques que tout le monde connaît, mais bien de faire de cette étude un utile enseignement pour l'avenir, en mettant sous les yeux du lecteur l'état ancien et l'état présent du service public pour le nettoiement de Paris, de telle sorte qu'en comparant l'un à l'autre, on puisse apprécier les avantages ou les inconvénients qui résultent de l'état actuel et les améliorations qui peuvent y être apportées.

PREMIÈRE PARTIE.

Dès 1184, Philippe-Auguste fit paver une partie de la ville de Paris (1), et les habitants prirent d'eux-mêmes l'usage de nettoyer le devant de leurs portes ; ils enlevaient les immondices et les transportaient dans les champs au moyen d'un tombereau que les habitants d'une même rue louaient en commun.

Sous les successeurs de Philippe-Auguste, la ville ayant pris des accroissements considérables, ce service, qui avait été en usage pendant près de trois siècles sans être soutenu par aucune ordonnance de police, fut négligé et tomba en désuétude. Les rues étaient, comme avant le pavage, sales et puantes. Une ordonnance du prévôt de Paris, du 3 février 1348, portant condamnation à l'amende (2) contre les contrevenants, vint mettre pour quelque temps un terme à cette malpropreté ; mais les faubourgs restèrent toujours fort sales, à cause de la grande quantité de voitures qui y passaient ; celles surtout qui étaient chargées des immondices des autres quartiers y répandaient une grande quantité d'ordures que personne ne voulait enlever. Il en était de même des places publiques, et principalement de la place Maubert où les marchands ne pouvaient plus se placer pour la vente les jours de marché, tant elle était sale et encombrée. Par ordonnance du prévôt de Paris, de l'année 1374, les habitants de ce quartier furent imposés, et le produit de cet impôt servit à faire paver la place Maubert ainsi qu'à son entretien. Il en fut de même quelque temps après pour la place de Grève.

(1) Paris ne contenait alors que la Cité et quelques parties des quartiers Saint-Jacques, de la Boucherie, de la Grève et de la Verrerie. Nous ne pouvons passer sous silence le trait suivant de générosité à la cause de l'utilité publique. Gérard de Poissy, financier, donna pour ce travail si utile 11,000 marcs d'argent, c'est-à-dire près de 600,000 fr. (Mézerai, *Hist. de France*.)

(2) Cette amende était de 60 sous parisis (3 livres parisis).

Le 9 octobre 1395, ordonnance de police pour le nettoiement des rues, *à peine d'amende et de prison au pain et à l'eau.*

Vers cette même époque (14 novembre 1396), une ordonnance de police taxa chaque tombereau destiné à l'enlèvement et au transport des boues de Paris de la manière suivante : pour chaque tombereau d'immondices enlevées dans les plus éloignées des voiries, 10 deniers parisis ; pour celles enlevées près l'ancienne clôture, 3 deniers ; enfin, pour les lieux plus rapprochés des voiries, 6 ou 4 deniers.

Avant d'aller plus loin dans l'historique de cette branche de la police, nous devons faire remarquer ici que le peuple n'était pas seul en contravention aux ordonnances relatives au sujet qui nous occupe. Les nobles, les seigneurs, les princes, qui faisaient leur résidence dans Paris ; enfin, les communautés religieuses d'hommes ou de femmes, suscitèrent mille difficultés et ne voulaient point se soumettre à la juridiction de la police, de telle sorte que certaines parties des rues dans lesquelles étaient situés de grands hôtels, des églises ou des couvents, n'étaient jamais nettoyées et offraient un aspect dégoûtant et insalubre pour le voisinage. Par lettres patentes du 5 avril 1399, adressées au parlement, le roi fit connaître ses intentions, et mit pour quelque temps un terme à cet abus des grands.

En janvier 1404, parut la fameuse ordonnance de Charles VII, qui ordonne le curement de la Seine, dans laquelle précédemment on jetait toutes les immondices, ce qui faisait craindre que l'eau n'en fût infectée et n'occasionnât de graves résultats pour la santé publique.

Pour le temps, ce travail était considérable. L'ordonnance, publiée en jugement au Châtelet de Paris, le 15 décembre 1405, portait en substance : 1° Qu'il serait informé tant contre ceux qui ont jeté des immondices dans la Seine que contre ceux qui en jetteraient à l'avenir, et que chacun, selon son état, con tribuerait à la dépense du curement de la rivière. 2° Défense était faite à toute personne, de quelque condition qu'elle fût, d'y jeter aucune chose dans la suite. 3° Les maîtres étaient déclarés responsables de leurs domestiques. 4° Toute personne prise en flagrant délit devait être immédiatement conduite en prison par les sergents. 5° Défense était faite de mettre le feu aux fumiers et aux pailles qui pourraient se trouver sur la rivière, *à peine de la hart.* etc.

Les ordonnances de police des 28 juin 1404, 20 octobre 1405, 21 octobre 1414, 19 juin 1428, 24 mars 1472, 24 juin et 10 juillet 1473, vinrent réveiller le zèle et l'activité des habitants de Paris, et leur rappeler l'obligation de nettoyer le devant de leurs maisons, de faire porter les boues aux voiries et non dans la rivière, ou sur les places publiques, ou dans les quartiers éloignés, ainsi qu'on le pratiquait autrefois.

Cependant, malgré toutes les ordonnances, ce service public se faisait assez mal; en 1476, le parlement crut devoir intervenir, et rendit, cette même année, deux arrêts par lesquels il ordonne au prévôt de Paris « de pourvoir en toute » diligence à faire nettoyer les rues de Paris, en contraignant » à ce faire et à contribuer aux frais pour ce nécessaires, toutes » gens de quelque estat qu'elles fussent, *privilégiez* et *non* » *privilégiez*, nonobstant oppositions ou appellations quel- » conques. »

Le prévôt de Paris et les officiers du Châtelet, qui avaient mandat de mettre à exécution les arrêts précités, n'ayant pu lever les difficultés que les grands et les nobles faisaient naître sans cesse en se refusant au nettoiement de la façade de leurs hôtels, le parlement se vit contraint de se charger de l'administration de cette branche de police, et, par arrêt du 28 juillet 1500, il pourvut au rétablissement du pavé et au nettoiement des rues. En 1502, arrêt du 12 avril qui ordonne que dans chaque quartier le nombre des tombereaux sera augmenté, et contraint les seigneurs justiciers de fournir des places pour décharger les immondices. Cet arrêt porte, en outre, que chaque fermier des voiries, *tant du roi que des autres seigneurs*, sera tenu d'avoir une charrette et un tombereau pour porter les boues hors de la ville; qu'il sera fait information des exactions des voituriers et des fermiers des voiries.

Des commissaires spéciaux, conseillers du parlement, avaient été créés dans chaque quartier de Paris pour faire exécuter par les seigneurs voyers et autres les arrêts de la cour relatifs à la propreté de la capitale.

De 1506 à 1608, on imposa une taxe sur les maisons de Paris pour fournir à l'entretien des rues et à l'enlèvement des boues. Le prévôt de Paris eut seul le droit de connaître des différends qui pourraient s'élever; seulement il y avait dans chaque quartier, comme précédemment, deux conseillers au parlement pour intervenir en cas de rébellion ou de désobéissance aux ordres du prévôt.

Par arrêt du parlement des 14 mars 1523 et 4 mars 1524, il fut adjoint aux commissaires des huissiers à verge chargés de surveiller l'exécution des arrêts, d'arrêter ou dénoncer les contrevenants, etc.

L'imposition fut régulièrement établie dans chaque quartier dès 1527; mais cette perception fut troublée quelques années après par l'effet d'une contagion qui affligea Paris, et attira toute la sollicitude du gouvernement de ce côté. Cependant tout n'était pas entièrement négligé; l'impôt ne pouvant pas être perçu, on en était revenu à l'ancien usage, et deux ordonnances rendues pendant le temps de contagion, de troubles et de désordres, portent que « tous les habi-
» tants feront nettoyer devant leurs maisons, en toute dili-
» gence, et feront porter les immondices hors de la ville, à
» peine de prison et d'amende arbitraire. » (Ordonnances des 24 janvier 1532 et 13 septembre 1533.) La contagion ayant cessé, les taxes furent remises en vigueur en 1539, par arrêt du parlement du mois de novembre, portant règlement sur

la matière, peine contre les contrevenants, contre les commissaires et officiers qui ne remplissaient point leur service exactement; contre les maçons et autres gens d'état qui laisseraient des matériaux dans les rues; inflige le fouet à tout charretier qui n'enlèverait pas les boues sur l'heure.

Dans cette ordonnance, il était également défendu de curer les retraits sans autorisation de justice, d'étendre aucun linge ou drap sur perches aux fenêtres donnant sur la rue, de nourrir des cochons, des lapins, des poules, etc., dans Paris, mais de les mener hors les faubourgs (1).

Cette ordonnance devait être publiée et affichée sur parchemin tous les mois dans les seize quartiers de la capitale. Quelque temps après, par son ordonnance du 28 janvier 1539, François Ier détermina la forme du tombereau à l'usage du nettoiement : il devait être garni de roues et ustensiles de 2 pieds de large par bas, les issans de 6 pieds de long, les côtés 2 pieds de haut, et sera aussi haut par le derrière que par le devant, et l'hac qui fermera le derrière aussi haut que le devant dudit tombereau et sera la huche dudit tombereau; si bien close et jointe qu'il n'en puisse sortir ordures ou immondices, et sera le tombereau ferré et garni de bandes, clous, frettes, harpes, boulons, sais et autres ferrures nécessaires, jusqu'au poids de huit vingts livres, fer de Brie; le tout bien et duement fait et parfait, loyal et marchand, ainsi qu'il appartient. Dans cette même déclaration, les heures de travail des tombereaux furent fixées, en hiver, de sept heures du matin à midi, et de deux heures jusqu'à six heures du soir; en été, de six heures jusqu'à onze heures du matin, et de trois heures jusqu'à sept heures du soir. Ces articles, ainsi que quelques autres à l'usage des conducteurs des tombereaux,

(1) Nous suivons toujours l'ordre chronologique. L'année commençant à Pâques, entre le 22 mars et le 25 avril, janvier 1539 se trouve être postérieur à novembre de la même année.

furent ajoutés à la précédente ordonnance de novembre de la même année.

Charles IX et Henri III, de même que leurs prédécesseurs, publièrent des ordonnances relatives au sujet qui nous occupe; mais comme elles ne contiennent rien de particulier qui ne fût déjà dans les précédentes, nous nous contenterons d'en signaler les dates. Celle de Charles IX est du 22 novembre 1563, et celle de Henri III du 29 août 1586 ; elle augmente la taxe imposée aux bourgeois pour le nettoiement de la ville ; ordonne que tous les bourgeois nommés d'office lèveront ces taxes, mais en dispense *les officiers du roi et gens vivant noblement*.

Cette ordonnance fut peut-être une des principales causes qui troublèrent ce service public. En effet, les bourgeois chargés de lever les taxes se présentaient chez *les officiers du roi et chez les gens vivant noblement* pour réclamer le montant de la taxe ; ceux-ci refusaient, les renvoyaient en les raillant, et les malheureux bourgeois receveurs, n'ayant aucun recours contre ces messieurs trop haut placés, étaient forcés de payer pour eux ; car il fallait toujours que l'impôt fût complet. Cela n'aurait pas été ainsi, si parmi les receveurs de la taxe il y avait eu gens vivant noblement et officiers du roi.

La bourgeoisie se plaignait, et sa plainte devait finir par être entendue; quelque tardive qu'elle puisse paraître à notre empressement, la justice arrive toujours à qui sait l'appeler fermement et fortement.

Henri IV, touché des justes plaintes du peuple et voulant mettre un terme aux vexations des grands tout en maintenant tout ce qu'il y avait de bon, d'utile et d'applicable dans les précédentes ordonnances, donna à ferme le nettoiement des rues aux sieurs Remond Vedel, dit la Fleur, capitaine du charroi de l'artillerie, et Sorbet, son associé. Ce bail à ferme fut consenti, le 21 juin 1608, en la chambre du conseil du roi ; et, en septembre suivant, parut un règlement pour établir le service des entrepreneurs.

Mais les entrepreneurs chargés des rôles pour lever les taxes ne furent pas plus heureux que les bourgeois ne l'avaient été jadis; ils ne pouvaient se faire payer ni des grands ni des communautés : ils firent des avances considérables, et neuf mois seulement après leur établissement ils étaient ruinés et cessèrent l'entreprise. Dans l'espace de quelques mois, plusieurs autres fermiers leur succédèrent, mais ne purent longtemps continuer, toujours pour la même cause (1).

Voyant l'inutilité de cette entreprise, le roi se chargea lui-même de cette dépense ; et, pour y pourvoir, il augmenta les impôts sur les vins : cette augmentation fut de 15 sols pour l'entrée d'un muid. (Arrêt du conseil du 31 décembre 1609.)

Par suite de ces divers changements, on reconnut qu'il conviendrait mieux de diviser le travail du nettoiement de Paris entre plusieurs entrepreneurs : c'est ce qu'on fit dès le 19 février 1611 et jours suivants. Mais cet état ne put tenir encore longtemps, et l'intrigue, qui commençait dès lors à se glisser partout, fit de nouveau donner cette entreprise à des fermiers généraux, à des compagnies financières qui exploitaient les 70 ou 80,000 fr. qui étaient alloués pour le nettoiement des rues de Paris dont elles s'occupaient assez peu, parce qu'elles avaient d'autres entreprises plus importantes.

Le 27 mai 1637, un arrêt du conseil vint pourvoir à la cessation, ou plutôt à la résiliation du bail faite par les fermiers du nettoiement des rues, qui avaient aussi l'entreprise du pavé. Cet arrêt mit les choses dans l'état où elles étaient dès le commencement des ordonnances. Ainsi, la police en fut donnée au prévôt de Paris; les taxes furent renouvelées, et des bourgeois nommés receveurs pour percevoir

(1) Le roi paya aux entrepreneurs, des deniers de son épargne, 50,000 livres, à compte des arrérages qui leur étaient dus.

ces taxes; en un mot, on revint au régime antérieur à 1608.

Pour régulariser de nouveau ce service tel qu'il était avant Henri IV, plusieurs ordonnances et arrêts, tant du roi que du parlement, furent promulgués, mais ne contiennent rien de particulier ni de nouveau. Ces arrêts et ordonnances sont sous les dates des 9 et 30 juillet 1637, 24 novembre et 23 décembre de la même année, 30 janvier, 4 mars, 22 septembre et 3 décembre 1636. Cette dernière porte règlement général pour la police du nettoiement et oblige l'entrepreneur, sous peine de 3 livres d'amende, à avoir une pelle et un balai pour bien nettoyer les rues, et de mettre des rebords à ses tombereaux pour que rien ne puisse tomber sur la voie publique.

De 1640 à 1666, nouveaux changements. C'est dans ce laps de temps que sont créés les titres d'offices des receveurs des deniers de police qui exercent peu de temps. (Édit du roi de janvier 1641.) Cette police du nettoiement de la ville leur est retirée et l'on en charge de nouveau les officiers du Châtelet (lettres patentes du roi du 18 juin 1643); puis on rétablit les receveurs particuliers (arrêt du parlement du 3 décembre 1650), qui ne restèrent pas non plus fort longtemps, et toujours pour la même raison. C'est-à-dire qu'ayant beaucoup de difficultés pour se faire payer des classes privilégiées, ils se trouvaient en avance, chacun dans leur quartier, pour des sommes considérables, et se dégoûtaient bien vite de ces charges si onéreuses où l'on perdait bien plus qu'on ne gagnait. Arrêt du 30 avril 1663, qui porte que les entrepreneurs des divers quartiers seront tenus d'avoir le nombre de tombereaux et de chevaux fixé dans leurs baux; rappelle les anciennes ordonnances relatives aux heures de travail, à la longueur, largeur et profondeur des tombereaux, à leur bonne confection, sous peine de confiscation desdits tombereaux et chevaux.

Vers 1666, ce service était dans un si triste état, que personne n'en voulait plus. Paris, dit l'auteur du Traité de po-

LICE « *était un véritable cloaque.* » Pour faire cesser ce fâcheux état de choses, on forma un conseil de police, composé du chancelier Séguier, du maréchal de Villeroy, de Colbert, de huit conseillers d'État et d'un greffier. Ce conseil dura depuis le mois d'octobre 1666 jusqu'en février suivant; il s'occupa de toute la police en général, et particulièrement du nettoiement des rues. Dans la séance du 11 octobre, par exemple, le chancelier rapporta, *que l'intention du roi était qu'on s'appliquât surtout à perfectionner le nettoiement, et que Sa Majesté marcherait exprès dans les rues pour voir si ses ordres, à cet égard, étaient exécutés.*

Cette même année 1667, fut créée la charge de lieutenant de police. Le roi nomma à cet emploi M. de la Reynie, maître des requêtes, qui apporta la plus grande amélioration dans toutes les branches de la vaste administration de la police de Paris. *Le nettoiement des rues fut porté à sa perfection,* dit l'auteur; des directions de quartiers furent établies, et furent si bien ordonnancées, que les principaux personnages du temps voulurent être chefs de ces directions. M. de la Reynie, admirateur sincère du génie de Colbert, et nourri des principes de cet homme célèbre qui l'aida puissamment dans son administration de la police, sut inspirer à tous son zèle, son activité, et son amour pour l'ordre et pour la propreté de la ville. Les rues furent éclairées et tenues très proprement, le guet de nuit fut réformé; les maisons royales, les églises, les monastères, les hôtels des princes et des grands étaient tous compris dans les rôles de taxes pour le nettoiement : et ce qu'il y a d'étrange et de nouveau, c'est que chacun, riche ou pauvre, privilégié ou non, tous les habitants de Paris payaient régulièrement leur taxe.

Arrêt du parlement du 12 juillet 1697, qui vient encore simplifier la marche du service du nettoiement de la capitale. Cette dépense n'est plus à la charge des bourgeois, le roi assigne sur ses finances les dépenses nécessaires à cette administration. Un plus petit nombre de personnes sont employées ; les dépenses sont moins considérables, et le service se fait avec une parfaite régularité (1697).

En outre des ordonnances que nous venons de faire connaître, il y en a eu quelques autres qui sont venues apporter un changement notable à l'ordonnance du 30 avril 1663, qui prescrit de nouveau que tous les receveurs de taxes élus dans les assemblées des directions seront tenus d'accepter la commission pour l'exercer pendant un an, sans avoir droit à aucun salaire et sans qu'ils puissent, sous quelque prétexte que ce soit, s'en dispenser. Ainsi, le 25 octobre 1580, sont exceptés de ce service public les messagers jurés et les autres officiers de l'université ; autre, le 25 août 1670, qui exempte les chirurgiens de Paris ; autre du 5 octobre 1673, qui exempte les archers de la ville, etc.

De 1697 à 1714, création des receveurs généraux et receveurs particuliers des deniers de police (1). La dépense pour le nettoiement est portée ensemble avec l'entretien de l'éclairage pour la nuit, à 300,000 livres, réparties sur chacun des vingt quartiers de Paris (2). Cette imposition fut rachetée par les bourgeois de Paris, et les finances royales furent chargées de cette dépense.

Cette répartition de la dépense par chaque quartier est assez curieuse, en ce qu'elle peut servir à indiquer l'importance des quartiers. L'arrêt du conseil du roi, en date du 11 avril 1702, porte, « qu'à dater du 1er janvier, il serait imposé dans la » ville et les faubourgs de Paris, pour chacun an, la somme » de 300,000 livres pour l'entretien des lanternes et pour

(1) Édit de décembre 1701.
(2) Paris, en 1701, n'était divisé encore qu'en dix-sept quartiers ; mais comme on avait déjà le projet d'une nouvelle division, on nomma vingt receveurs particuliers pour les vingt quartiers qui furent établis par la division qui en fut faite en 1702. Il y avait deux receveurs généraux.

» le nettoiement des rues, laquelle somme serait répartie et
» distribuée ainsi qu'il suit, savoir :

	liv.
Sur le quartier de la Cité.	22,000
Sur le quartier de St-Jacques de la Boucherie.	13,000
Sur le quartier de Ste-Opportune.	11,000
Sur le quartier du Louvre ou de St-Germain-l'Auxerrois.	12,000
Sur le quartier du Palais-Royal ou St-Honoré.	16,500
Sur le quartier de Montmartre.	14,500
Sur le quartier de St-Eustache.	13,500
Sur le quartier des Halles.	8,000
Sur le quartier de St-Denis.	17,000
Sur le quartier de St-Martin.	22,000
Sur le quartier de la Grève.	11,000
Sur le quartier de la Mortellerie.	10,000
Sur le quartier de la Verrerie.	9,000
Sur le quartier du Marais.	14,500
Sur le quartier de St-Antoine.	23,000
Sur le quartier de la place Maubert.	15,500
Sur le quartier de St-Benoît.	15,000
Sur le quartier de St-André.	15,000
Sur le quartier de St-Germain-des-Prés	19,500
Et sur le quartier du Luxembourg.	18,000
Soit.	300,000

Ce fut en janvier 1704 que, par édit, le roi ordonna le rachat des taxes susdites par les propriétaires des maisons de Paris. Quatre trésoriers généraux des deniers de police et quatre contrôleurs généraux des trésoriers furent créés aux lieu et place des deux receveurs généraux et des vingt receveurs particuliers.

Avant 1714, cet état de choses n'existait plus ; mais les trésoriers et les contrôleurs conservèrent leurs titres jusqu'en 1729. Aux termes d'une déclaration, en date du 14 août, toute personne pouvait soumissionner et devenir fermier, soit du tout, soit d'une ou plusieurs parties de la ville, pour le nettoiement de Paris; ce qui fit qu'un grand nombre de gens, et particulièrement des laboureurs des environs de la capitale, prirent certaines parties de ce fermage, et que la plupart s'y ruinèrent, parce qu'ils n'entendaient rien dans cette affaire, qu'ils croyaient pouvoir faire en même temps que la culture de leurs terres et avec les mêmes bêtes et charrettes qui leur servaient dans ces derniers travaux de campagne.

D'autres entrepreneurs succédèrent à ces derniers, et ne furent pas plus heureux, quoiqu'ils travaillassent une grande partie de la journée et une partie de la nuit. Vers 1718 à 1720, le commerce eut beaucoup à souffrir, tout renchérit considérablement; les taxes ne pouvaient plus être payées, les entrepreneurs furent écrasés; on mit à leur place des entrepreneurs particuliers qui durèrent un peu plus de temps; à la fin du bail, ils furent même prorogés par nouveaux baux, en date des 27 novembre 1720 et 5 novembre 1726, jusqu'au dernier décembre 1729.

En 1722, Paris ayant considérablement grandi, la dépense du nettoiement des rues et de l'entretien des lanternes fut insuffisante, et, par arrêt du 7 avril 1722, le roi chargea ses finances de la somme de 45,000 fr. pour supplément de dépense à cet objet.

Les commissaires du Châtelet étaient chargés de surveiller le service des entrepreneurs; ils avaient sous leurs ordres les anciens commissaires de chaque quartier, à qui les huissiers et les commis ou inspecteurs de police nouvellement établis venaient faire leurs rapports sur les contraventions qu'ils découvraient, soit contre les entrepreneurs ou leurs employés, soit contre les bourgeois ou le peuple.

En mai 1729, ainsi que nous l'avons dit, les quatre trésoriers et les quatre contrôleurs des deniers publics pour le nettoiement des rues furent supprimés; on créa deux nouveaux trésoriers et deux nouveaux contrôleurs des trésoriers pour le même objet. Les comptes de ces anciens fonctionnaires furent réglés par arrêt du 23 octobre de la même année.

En 1748, on était généralement mécontent du service fait par les divers entrepreneurs, jardiniers ou laboureurs, qui, la plupart, habitaient à quelques lieues de Paris. Un nouveau bail (14 mai 1748) fut fait au sieur Pierre Outrequin, entrepreneur général du pavé de la ville, pour le nettoiement de la ville et des faubourgs de Paris pendant six années, *qui commenceront, est-il dit, le 1er janvier 1749, et finiront le dernier décembre 1754, à la charge par lui, suivant ses offres, d'employer le nombre de tombereaux nécessaire, à telle quantité qu'il puisse monter, de la contenance de 45 pieds cubes chacun, pour l'enlèvement journalier et suivi des boues et immondices dans toutes les rues, places, quais, cloîtres, marchés, culs de-sac, cagnards, chaussées, et autres endroits sujets au nettoiement, même dans les rues et places non comprises dans les baux précédents, et qui pourront être ouvertes et pavées pendant le cours des six années que doit durer le bail, dans ladite ville et faubourgs, jusqu'aux extrémités des dernières barrières, sans exception des dimanches et fêtes, ni des quatre fêtes solennelles,* etc., etc. Il était également enjoint à l'entrepreneur d'enlever les neiges et glaces produites par l'hiver. A cet effet, il lui était alloué une somme de 206,000 livres, payables par douzièmes égaux : chaque année de bail, 200,000 livres étaient affectées au nettoiement des rues, et 6,000 livres pour l'enlèvement de la neige en hiver.

En 1778, une ordonnance de police, du 6 novembre, défend aux charretiers de charger dans leurs tombereaux les gravats et ordures, qui ne doivent être enlevés que par les gravatiers, et de ne recevoir aucun salaire des habitants de la ville, à peine de la prison ; enjoint aux habitants des campagnes qui viennent enlever des fumiers dans Paris pour fumer et engraisser leurs terres, de faire ce service dans les premières heures de la journée, et de balayer exactement les places où ils auraient enlevé lesdits fumiers; ils devront, au préalable, avertir le commissaire ou inspecteur du quartier pour en avoir l'autorisation, et afin qu'on leur désigne les lieux où ils devront prendre les boues et immondices, lesquels lieux devront être désignés le plus près que possible de la demeure des demandeurs, etc.

Enfin, à cette époque, et d'après les arrêts et ordonnances que nous avons cités, les obligations des propriétaires de maisons et habitants de Paris consistaient : 1° à ne jeter dans les rues par les fenêtres aucune eau croupie ou infecte (1) ; 2° à faire construire dans toutes les maisons des latrines pour l'usage des locataires (2) ; 3° à ne pas empêcher l'écoulement des eaux pluviales en poussant les immondices au milieu des ruisseaux (3) ; 4° à balayer journellement les rues, en hiver, à huit heures du matin, et, en été, à sept heures, d'après les prescriptions (4); 5° à ne pas encombrer les rues, à ne jeter ni sang des animaux, ni fumiers, ni cosses de légumes, lessives ou autres eaux sales, etc. (5) ; enfin, dans les temps de neige ou de glace, à relever celles qui sont devant leurs portes

---

(1) Ordonn. de police des 9 novembre 1395, 10 juillet 1473, 7 septembre 1502 ; arrêts du parlement des 14 mars 1523 et 4 mars 1524 ; ordonnance du roi du 28 octobre 1539; ordonn. du prévôt de Paris du 22 septembre 1600 ; édits de décembre 1607 et septembre 1608 par Henri IV; règlement du parlement du 30 avril 1663, etc.

(2) Arrêt du parlement du 14 mars 1523, 4 mars 1524 et 30 avril 1663, etc.; lettres patentes de Henri II du 9 septembre 1550, confirmatives du règlement de novembre 1539.

(3) Ordonnance de police du 3 février 1348, confirmée par lettres patentes du 30 janvier 1356, 20 février 1388; arrêt du parlement du 4 mars 1526, et règlement du 30 avril 1663.

(4) Arrêt du conseil du 3 décembre 1688 ; règlement du 30 avril 1663, et ordonnances de police des 31 mai 1667 et 6 novembre 1778.

(5) Voir les ordonnances de police déjà citées.

et maisons ou héritages, les rassembler par tas et ne point les mettre au milieu des ruisseaux, conformément à toutes les ordonnances susdites, dont plusieurs étaient renouvelées tous les ans, et notamment celle du 6 octobre 1778.

En dehors de ces règlements et ordonnances que nous avons fait connaître, il en est d'autres relatifs aux places publiques, et particulièrement pour le nettoiement et la propreté des marchés et des halles. Nous allons citer les principaux actes concernant cette partie si importante de la salubrité publique.

Ce rapide exposé sur l'état des halles, marchés, égouts et voiries, dans l'époque qui vient de nous occuper, servira à compléter la première partie de notre travail.

Ainsi que nous l'avons déjà fait observer, les habitants des quartiers de la place Maubert furent les premiers à se plaindre de la malpropreté de cette place : elle infectait tous les environs, les marchands ne pouvaient s'y placer pour tenir marché. Le prévôt de Paris fit droit à leur demande, et par règlement de l'an 1374, il imposa une taxe sur chaque propriétaire, locataire et marchand, habitant sur cette place, et nomma quatre personnes pour lever ces taxes et faire faire le nettoiement de ce lieu.

Le 14 octobre 1490, le prévôt de Paris, Jacques Destouteville, donne commission à Jean Gentil Poulailler de nettoyer la place de la Porte de Paris (1) (*c'était alors le marché où se vendait la volaille*, dit l'auteur du *Traité de la police*), avec autorisation de percevoir un droit sur les maisons voisines et sur les marchands, pour subvenir aux frais de nettoiement.

En 1512, le 20 mai, autre commission donnée par Jacques de Colligny, seigneur de Châtillon, alors prévôt de Paris, qui nomme Antoine Rigaud à l'état et office de balayeur de la Porte de Paris.

(1) **Entrée de la ville du côté du Châtelet.**

Avant Philippe-Auguste, Paris n'avait pas un grand nombre de marchés et de halles; les places de balayeurs n'étaient pas très recherchées, parce qu'elles produisaient peu. Mais lors de l'agrandissement de la capitale, et un peu plus tard, des personnes de qualité obtinrent des concessions particulières de ces droits, mais il leur était permis de faire faire le service par des préposés.

Les cessionnaires de ces offices étaient appelés *placiers balayeurs* des halles et marchés; ils percevaient un droit sur chaque espèce de marchandise qui s'y vendait. Ce droit n'était pas égal pour tous les marchés. Chacun avait son tarif particulier et s'appliquant à chaque espèce ou nature de marchandise.

Le devoir de ces placiers balayeurs consistait à faire balayer et nettoyer les places et marchés dont ils avaient l'office; d'enlever toutes les immondices et de les transporter aux voiries hors la ville; d'enlever également les glaces et neiges qui pouvaient s'y trouver dans les rigueurs de l'hiver. Aux termes des règlements, les placiers n'étaient tenus que d'enlever les immondices produites par les marchands payant les droits selon les tarifs, et non pas de balayer et nettoyer les rues adjacentes aux marchés, ni même le devant des maisons sises le long de ces marchés ; les entrepreneurs du nettoiement des rues devaient seuls enlever les immondices provenant de chez les bourgeois.

Les droits et devoirs des placiers balayeurs étaient consignés : 1° dans les règlements généraux faits pour le nettoiement de la ville ; 2° dans les ordonnances de police relatives à cette branche de salubrité ; 3° dans les commissions, baux et fermages des placiers balayeurs, lors de leur prise de possession desdits offices ; 4° dans les tarifs des droits à percevoir sur chaque nature de marchandise apportée sur les divers marchés.

Ces règlements ou ordonnances sont sous les dates principales des 3 décembre 1638, 10 avril 1663 et 17 juillet 1688, portant à 20 livres d'amende les première et deuxième contraventions commises par les balayeurs, et, en cas de troisième contravention, ordonnent qu'ils seront démis de leur charge.

Les placiers balayeurs étaient sous la juridiction des prévôts de Paris, puis ils furent sous celle du lieutenant de police lors de la création de cette charge.

Égouts. — Les égouts pour l'écoulement des eaux étaient également dans la juridiction de ces magistrats. Le curage, l'entretien, les réparations, etc., étaient régis par les lettres patentes de Charles VI, du 1er mars 1388, et les arrêts du parlement des 23 août 1476, 5 septembre 1500, 17 novembre 1522, 4 mars 1524; règlements du conseil des 22 septembre et 3 décembre 1638, et 25 juillet 1676.

Les principales prescriptions étaient, pour les habitants, de ne jeter dans les égouts, soit couverts, soit découverts, que des eaux de lavages, des fabriques et des latrines, et non des immondices qui pussent encombrer, engorger les égouts. Défenses étaient faites aux bouchers, charcutiers et rôtisseurs, de jeter aucuns abatis ou sang dans les égouts.

28 janvier 1718, lettres patentes sur arrêt pour la construction à neuf de l'égout sous le pavé de la grande rue Saint-Louis au Marais.

21 juin 1725, arrêt du conseil d'État qui ordonne que tous les propriétaires des maisons et places dans la ville et faubourgs de Paris, sous lesquelles passent les égouts, seront tenus de contribuer aux curage et entretien pour la partie que leurs héritages en occupent.

Quant aux égouts couverts ou découverts qui ne passent que sous les rues, la ville était chargée de leurs curage et entretien sans aucune charge pour les habitants.

Aujourd'hui l'entretien des égouts est à la charge de la ville ; mais lorsque certains propriétaires jouissent d'une portion de l'un des égouts de la ville qui passe dans leur propriété et dans lequel ils versent leurs eaux, aux termes des arrêts du conseil des 24 juin 1721 et 22 janvier 1785, ces propriétaires sont tenus de l'entretien du pavage de ces égouts et de quelques réparations.

VOIRIES.

Dès le commencement de l'organisation du nettoiement des rues, on avait désigné des lieux aux environs de Paris pour déposer les immondices que l'on enlevait de la ville ; les seigneurs hauts justiciers fournissaient dans l'étendue de leurs justices ces lieux appelés *voiries* Cet état de choses a duré jusqu'en 1674, époque où les justices des seigneurs hauts justiciers furent réunies à celle du Châtelet.

Nous avons vainement cherché à connaître où étaient situées les voiries, nous n'avons rien trouvé qui établit d'une manière positive leur situation respective dans les diverses époques et selon l'agrandissement de Paris.

L'édit du mois de janvier 1644 et le règlement du 30 avril 1663 résument et contiennent toutes les obligations des seigneurs justiciers. Ainsi, l'article 12 de ce dernier règlement ordonne formellement que les seigneurs hauts justiciers fournissent des voiries, et que les propriétaires des terres voisines soient contraints d'abandonner celles qui peuvent être jugées convenables à ce service sur le prix estimé par experts.

La voirie pour la partie de la ville dont le roi était le seul seigneur haut justicier était située, d'après un ancien contrat en date du 12 mars 1485, *hors des murs de Paris, entre et près la porte du Temple*, pour servir de voirie au quartier Saint-Antoine.

En 1674, les justices seigneuriales ayant été réunies à celle du Châtelet, le roi se chargea dès lors de fournir les voiries aux dépens de ses revenus.

Il y avait deux sortes de voiries: dans les unes, on ne jetait que les immondices et les boues provenant des rues et places de Paris; dans les autres, on jetait les abatis de boucheries, les bêtes mortes, les matières fécales, et généralement tout ce qui était susceptible de corruption et d'infection.

Par ordonnance du prévôt de Paris de février 1348, défense est faite aux entrepreneurs du nettoiement et aux conducteurs de tombereaux de décharger les boues et immondices ailleurs que dans les voiries destinées à cet usage. Cette ordonnance fut confirmée par lettres patentes du roi Jean, le 30 janvier 1356, et fut suivie de celles des 20 février 1388, 30 juillet 1619, 30 avril 1663, qui toutes contiennent les mêmes obligations.

Ordonnance de police du 7 janvier 1683 qui défend aux entrepreneurs et autres de faire entrepôt et commerce d'immondices.

Aux termes d'autres ordonnances, les laboureurs étaient autorisés à enlever les boues et immondices des voiries pour les répandre convenablement sur leurs terres labourables, et non dans les jardins potagers, et sans frais ni droits à payer aux propriétaires des voiries ou aux entrepreneurs.

L'ordonnance royale du 31 décembre 1720 prescrit aux laboureurs d'une manière formelle d'enlever les boues et les immondices des voiries, *de les transporter dans les terres labourables, et non dans les jardins potagers et marais où croissent les légumes, conformément aux anciens et nouveaux règlements rendus sur ce sujet*, et, en cas de non-exécution, contraint les laboureurs et habitants des villages à la corvée et autres peines qu'il plaira d'imposer. Cette ordonnance indique les voiries les plus gorgées et qu'il faut s'empresser de vider : ce sont les **voiries de Saint-Denis**, de **Saint-Martin** et de **Saint-Antoine**.

Dans un acte de 1726, par lequel on concède le droit à des soumissionnaires acceptés d'enlever à leur profit les matières fécales contenues dans les voiries et fosses publiques, il est fait mention des voiries de Montfaucon, du faubourg Saint-Marcel et du faubourg Saint-Germain.

Aux termes d'un règlement de police du 28 juin 1404, *il est ordonné aux barbiers de porter le sang des personnes qu'ils auront saignées dans la rivière, hors la ville et au-dessous de l'écorcherie aux chevaux, qui est au-dessous du chastel du Louvre.*

D'après une foule d'autres ordonnances, les écorcheurs ou équarrisseurs ne peuvent s'établir qu'auprès des voiries et ne rien laisser de leurs animaux morts dans les environs des voiries ou sur les bords des bassins, à peine contre les contrevenants de 48 livres parisis d'amende pour la première fois, et de punitions corporelles pour la deuxième fois. La principale de ces ordonnances sur ce sujet est du 5 août 1667. Celle du 10 juin 1701 défend, à peine de 300 livres d'amende et de prison, aux équarrisseurs, de faire fondre en leurs maisons aucunes graisses de chevaux, chiens, chats, etc.; ordonne que ces fontes se feront dans des lieux écartés de la ville, à une telle distance, que la mauvaise odeur ne puisse incommoder personne.

11 juin 1706, autre ordonnance qui défend aux équarrisseurs, sous peine de 300 livres d'amende, de prison et de confiscation de chevaux et charrette, de décharger ou exposer aucune carcasse ou dépouille d'animaux sur les chemins, avenues, etc., et autre part enfin que dans les bassins à la voirie.

18 juillet 1727, sentence de police qui condamne les équarrisseurs à sortir de la ville et des faubourgs, et à se retirer dans des maisons écartées et isolées.

10 juin 1642, sentence de police pour les décharges des matières fécales aux fosses destinées à cet effet, et fait défense aux laboureurs, jardiniers et autres, d'enlever les matières

avant trois ans de séjour dans les bassins, à peine de 80 livres parisis d'amende par contravention, avec saisie de chevaux et voitures.

En 1667, plusieurs plaintes s'élevèrent contre un grand nombre de laboureurs, de paysans et d'habitants de la Villette, que l'on accusait de nourrir leurs cochons avec les abatis de boucheries, les bêtes mortes, et même avec de la matière fécale que l'on retirait des voiries. Sur ces plaintes parut, le 1er avril de cette année, une ordonnance portant *défense de nourrir les cochons et chiens de ces matières, d'en faire amas dans les maisons, ni d'envoyer les cochons aux fosses où sont portés les boyaux et immondices, à peine de punition exemplaire.*

13 décembre 1697, ordonnance sur le même sujet.

En 1726, il en fut de même pour les villages de Vanvres, d'Issy et de Vaugirard. Il y eut une sentence contre les habitants qui avaient retiré de ces matières contrairement aux règlements; ils furent punis très sévèrement.

Tel est l'état des choses, vers la fin du xviii° siècle. Ainsi qu'on a dû le reconnaître, il y a de grands progrès dans ce service, qui cependant demande encore d'importants changements, plus de régularité dans le service, plus de promptitude dans l'exécution, plus d'ordre et de méthode.

Mais, encore une fois, il faut reconnaître qu'il y a progrès réel sur les temps antérieurs. On ne trouve plus de ces amas d'ordures qui jadis séjournaient si longtemps, dans certains lieux, aux alentours et même dans le centre de la ville, dans les rues désertes, sur les places et dans les carrefours, ou sur les bords de la rivière, où ces amas d'immondices de toute nature formaient autant de foyers d'infection, et étaient la cause première de maladies pestilentielles et d'épidémies qui ravageaient les populations ignorantes de ces temps superstitieux et presque barbares.

Il nous reste à faire l'exposé des faits et actes depuis le point où nous venons de nous arrêter jusqu'à ce jour.

Cette deuxième partie, comprenant depuis 1779 jusqu'aux dernières ordonnances de police qui actuellement régissent la matière, ne sera pas la moins importante; elle nous montrera les progrès réels faits de nos jours dans ce service public de salubrité et d'hygiène.

Il résulte des faits que nous avons rapportés dans la première partie de ce travail, que dans tous les temps le nettoiement des rues de la ville et des faubourgs de Paris a offert les plus grandes difficultés. Par les faits qui vont suivre, il sera facile de reconnaître les progrès réels et positifs que notre âge a faits sur les âges passés, et ceux qui peuvent encore améliorer ce service.

Vers la fin de l'année 1779, l'administration de la police, sentant le besoin d'une réorganisation, ou tout au moins de grandes améliorations à apporter au service du nettoiement, proposa un prix à celui qui présenterait le mémoire le plus utile sur ce sujet. Il s'agissait d'indiquer les moyens les plus faciles et les moins coûteux pour faire le nettoiement de la ville de Paris. Il ne fallait pas surtout que la dépense à proposer par les concurrents dépassât celle fixée annuellement par l'administration. A cet effet, un concours fut ouvert, et l'administration de la police s'engagea à donner dans les bureaux tous les renseignements et pièces de comptes qu'elle avait à sa disposition.

En 1782, parut une brochure d'une centaine de pages, intitulée : *Vues sur la propreté des rues de Paris.*

L'auteur, après avoir rappelé quelques anciennes ordonnances pour démontrer que les nouvelles ne sont qu'une répétition des anciennes, et qu'elles n'apportent aucune amélioration, pense que pour que les rues de Paris soient constamment dans un état de propreté convenable, il faut établir une plus grande quantité d'égouts et de canaux souterrains qui amèneraient les eaux de toute espèce dans la Seine, qui les charrierait au loin.

D'autre part, les locataires, boutiquiers ou propriétaires, enfin généralement tous les habitants de Paris, devraient être tenus de ne rien jeter dans les rues ou contre les murs des maisons, mais de conserver dans des baquets ou paniers les ordures ou immondices provenant de tous les locaux de chaque maison jusqu'au moment du passage des tombereaux (1).

(1) Cet usage des paniers, proposé à cette époque, vers 1782, était depuis longtemps pratiqué en Angleterre. De plus, il en avait été ordonné et fait usage à Paris, en vertu de l'édit de François Iᵉʳ « qui fait aussi
» défenses de mettre dans les rues des ordures, boues et autres immon-
» dices, mais enjoint de les garder dans les maisons, en des paniers, pour
» les faire porter hors de la ville ; ordonne aux commissaires du Châtelet
» d'apporter toute la vigilance possible à découvrir et faire punir ceux qui
» les auraient mises et laissées contre les ordonnances, et veut que les
» propriétaires et locataires des maisons et voisins soient responsables les
» uns pour les autres par saisie de leurs biens et de leurs personnes, sauf
» leur recours contre les négligents. »

On trouve encore dans D. Félibien, historien de Paris (2ᵉ partie des Preuves et Pièces justificatives, p. 119), qu'en 1636, le conseil dressa un procès-verbal de l'état du pavage et de la malpropreté des rues de Paris.

On lit dans ce procès-verbal l'article suivant :

« Nul ne pourra jeter dans les rues les cendres de lessive et ordures des
» maisons ; ainsi les garderont dans des mannequins ou paniers pour être
» jetées dans les tombereaux de nettoiement, à peine de 4 livres pour la
» première fois, et de 8 livres parisis pour la seconde. »

L'arrêt du parlement du 30 avril 1663 porte, art. 10 : « Ordonnons
» que les tombereaux aient chacun une clochette suffisante pour avertir
» de leur passage, afin que les bourgeois puissent apporter dans des man-
» nequins, seaux, paniers ou autres vaisseaux les ordures, lors dudit pas-
» sage. »

Vers la fin de 1779, le lieutenant général de police fit distribuer aux boutiquiers de la rue Saint-Honoré des *tinettes* ou *baquets* pour y déposer les boues en attendant le passage des tombereaux. Mais l'usage ne put prendre; les ordures étaient, comme avant, jetées dans les rues, au coin des rues ou des bornes, et le lieutenant de police se vit contraint de retirer les baquets et de renoncer à son projet.

En 1789, M. Tournon, de l'Académie d'Arras, fit paraître un volume intitulé: *Moyens de rendre parfaitement propres les rues de Paris.*

Les moyens de l'auteur se réduisent à trois principaux, doit voici le résumé : 1° Faire construire dans les rues, de distance en distance, des bornes en fer creux qui seraient utiles à deux usages : le premier serait d'empêcher, par la construction de ces bornes, que les voitures ne vinssent frapper contre les murs, surtout dans les rues étroites (1); et, en second lieu, de permettre aux piétons de se garantir de ces mêmes voitures dont la rapidité est souvent fort dangereuse dans les rues, surtout où il n'y a pas de trottoirs un peu élevés au-dessus du sol.

L'auteur pense que ces bornes en fer creux, qu'il nomme des *cache-ordures*, devraient avoir 3 pieds de haut sur 2 de large, et une profondeur de 18 pouces. Ces sortes de boîtes devraient avoir deux ouvertures : l'une en haut, qui servirait à faire entrer les ordures; l'autre en bas, ne serait ouverte que par le boueur pour en retirer les immondices et les jeter immédiatement dans son tombereau, soit au moyen d'une pelle profonde et à rebords, soit à l'aide d'un panier, afin de n'en point répandre sur la voie publique. La porte d'en haut, qui appartiendrait au public, s'ouvrirait sur un seul côté, de manière à ce que le couvercle, en se relevant, s'appuyât par derrière sur le mur, et qu'en s'abattant sur l'ouverture, il fermât hermétiquement.

2° Le deuxième moyen indiqué par M. Tournon consiste à assurer le pavage des rues, à le rendre plus solide, moins sujet à la boue, soit au moyen de têts de poterie, de terre à porcelaine, de terres cuites enfin, parfaitement broyés et mêlés à une certaine quantité de sable; soit au moyen de la

---

(1) Cette précaution était très utile anciennement, en raison de la *saillie* que présentaient les moyeux (le *bloc* du milieu de la roue où se rencontrent les *rais* de la roue). Ces moyeux n'ont plus la même saillie.

pouzzolane, qui forme un ciment dur, solide et point boueux.

3° Enfin, pour troisième moyen, l'auteur indique l'établissement de conduits pour que les eaux de pluie et les eaux ménagères soient amenées dans les égouts. A cet effet, l'auteur indique une division générale, composée de vingt subdivisions des principales rues dans lesquelles on devrait construire les conduits. Du calcul établi par M. Tournon, il résulte que, pour ces vingt subdivisions de rues canalisées, il faudrait 10,826 toises de conduits pour l'écoulement des eaux pluviales et ménagères dans les grands égouts qui aboutissent à la Seine. A ce chiffre il faut joindre, en outre, environ 9,000 toises de conduits pour les halles, marchés, boucheries et rues de traverse très fréquentées. Ce qui porterait le total à 20,000 toises de canaux qui, construits en pierre, reviendraient à 60 livres la toise; en briques et moellons, 30 livres, et en pouzzolane, 20 livres.

L'auteur pense que la pouzzolane serait la matière la plus propre et la plus convenable pour la construction de ces conduits, parce que cette substance, loin de s'altérer ou de se dissoudre au contact de l'eau, prend une consistance et une dureté plus fortes que la pierre, et que par suite ces constructions n'exigent aucune réparation; que d'ailleurs les conduits ainsi faits ne reviendraient, à 20 livres chaque toise, qu'à 400,000 livres pour les 20,000 toises.

Sous la République, malgré les graves et sérieuses préoccupations du temps, le nettoiement de Paris ne fut point négligé. Plusieurs des anciennes ordonnances furent maintenues ou renouvelées; de nouvelles lois furent promulguées, et vinrent apporter dans cette branche de la police plus d'ordre, de précision et de clarté. La principale, dès le commencement de la révolution, est la loi des 16-24 août 1790. Cette loi porte règlement général pour le nettoiement; elle est applicable à toute la France, avec des modifications et simplifications convenables pour les départements. Elle confie aux maires de Paris et aux maires de toutes les villes et villages de France, le soin de faire faire le nettoiement des rues places et marchés.

Plus tard, parut un arrêté du gouvernement, le 12 messidor an VIII, qui charge le préfet de police de surveiller le balayage à la charge des habitants, de le faire faire aux frais de la ville dans les places et devant les jardins et édifices publics; de faire faire l'enlèvement des boues; matières malsaines, neiges, glaces, etc.; de faire arroser dans les lieux et dans les saisons convenables, etc.

Ces ordonnances, ainsi que plusieurs autres, étaient publiées une ou deux fois par an pour maintenir le bon ordre et la propreté de la capitale.

Sous l'Empire, Napoléon donna un aspect nouveau à cette grande ville, où se pressaient en foule les princes et les rois. Pour ne point sortir de notre sujet, nous ne parlerons pas de tous les embellissements qui furent alors créés; nous rappellerons seulement un immense avantage pour la salubrité et la santé publiques: nous voulons parler de la création du canal Saint-Martin, de l'établissement des bornes-fontaines et de l'institution du conseil de salubrité fondée en 1804.

Avant cette époque, et malgré toutes les prescriptions des ordonnances de police, les rues de Paris avaient constamment conservé un aspect sale et désagréable, une odeur fétide et malsaine; par la création des bornes-fontaines, les rues purent être lavées à diverses heures de la journée: cet aspect et cette odeur disparurent; l'air que l'on respirait devint plus salubre et ne fut plus chargé d'autant de miasmes délétères occasionnés par les immondices et les boues, qui n'étaient jamais bien enlevées par les balayeurs publics.

Sous la Restauration, le service du nettoiement public des rues, places, halles et marchés de Paris fut continué sur les mêmes errements fondés par l'Empire et d'après les mêmes ordonnances. Aucune amélioration n'y fut apportée.

En 1831, le 23 novembre, parut une ordonnance de police qui défend à tous les habitants de la campagne, et autres personnes étrangères au service du nettoiement, de ramasser dans Paris, soit de jour, soit de nuit, à l'aide de voitures ou d'autres moyens de transport analogues, des immondices, du petit fumier ou tous autres objets déposés sur la voie publique.

En mars 1834, parut une ordonnance sur la police générale du nettoiement. Cette ordonnance est publiée deux fois par an, au mois de mars et au mois d'octobre. Nous allons faire connaître la dernière ordonnance, qui a été publiée le 26 octobre 1848.

Ordonnance concernant le balayage et la propreté de la voie publique, et le transport des matières insalubres.

Paris, le 26 octobre 1848.

Nous, Préfet de Police,

Considérant qu'il est nécessaire de rappeler aux citoyens les obligations qui leur sont imposées dans l'intérêt de la propreté de la voie publique,

ORDONNONS ce qui suit :

Les dispositions de l'ordonnance du 5 novembre 1846, concernant le balayage et la propreté de la voie publique, et le transport des matières insalubres, seront de nouveau imprimées et affichées.

Le Préfet de Police,
GERVAIS (de Caen).

Dispositions de l'ordonnance du 5 novembre 1846, concernant le balayage.

TITRE PREMIER.

Balayage de la voie publique et nettoiement des trottoirs, des ruisseaux, des devantures de boutiques, des grilles d'égouts et des abords des bâtiments en construction, ateliers ou chantiers des travaux.

Art. 1er. Les propriétaires ou locataires sont tenus de faire balayer complétement, chaque jour, sauf les cas prévus par l'art. 3

ci-après, la voie publique au-devant de leurs maisons, boutiques, cours, jardins et autres emplacements.

Le balayage sera fait jusqu'aux ruisseaux, dans les rues à chaussée fendue.

Dans les rues à chaussée bombée et sur les quais, le balayage sera fait jusqu'au milieu de la chaussée.

Le balayage sera également fait sur les contre-allées des boulevards jusqu'aux ruisseaux des chaussées.

Les boues et immondices seront mises en tas ; ces tas devront être placés de la manière suivante, selon les localités, savoir :

Dans les rues sans trottoirs, entre les bornes ; dans les rues à trottoirs, le long des ruisseaux du côté de la chaussée, si la rue est à chaussée bombée ; et le long des trottoirs, si la rue est à chaussée fendue ; sur les boulevards, le long des ruisseaux de la chaussée, côté des contre-allées.

Dans tous les cas, les tas devront être placés à une distance d'au moins deux mètres des grilles ou des bouches d'égouts.

Nul ne pourra pousser les boues et immondices devant les propriétés de ses voisins.

2. Le balayage sera fait entre six heures et sept heures du matin, depuis le 1er avril jusqu'au 1er octobre, et entre sept heures et huit heures du matin, depuis le 1er octobre jusqu'au 1er avril.

En cas d'inexécution, le balayage sera *fait d'office*, aux frais des propriétaires ou locataires.

Aucun ouvrier balayeur, étranger aux ateliers du service de salubrité, ne pourra, en dehors des heures fixées par le paragraphe 1er du présent article, balayer la voie publique et y faire un nettoiement, dans le cours de la journée, sans notre autorisation, et sans être porteur d'une permission délivrée à la préfecture de police, dont il devra justifier à toute réquisition des agents de l'autorité.

3. Lorsque des travaux de pavage auront été exécutés, le balayage quotidien, prescrit par l'art. 1er, sera suspendu sur les parties de la voie publique où ces travaux auront été opérés.

En ce qui concerne le pavage neuf et les relevés à bout, c'est-à-dire les pavages entièrement refaits, le balayage ne sera repris que dix jours après l'achèvement des travaux, lorsque les entrepreneurs de la ville auront relevé et enlevé les résidus du sable répandu pour la consolidation du pavé, et que les agents de l'administration auront averti les propriétaires et locataires que le balayage devra être repris.

En ce qui concerne les pavages en recherche, ou réparations partielles, le balayage sera repris dès l'avis donné par les agents de l'administration.

Les sables balayés et relevés avant les dix jours de l'achèvement des travaux, ou avant les avis donnés par les agents de l'administration, seront répandus de nouveau aux frais des contrevenants.

4. En outre du balayage prescrit par l'art. 1ᵉʳ, les propriétaires ou locataires seront tenus de faire gratter, laver et balayer chaque jour les trottoirs existant au-devant de leurs propriétés, ainsi que les bordures desdits trottoirs, aux heures fixées par l'art. 2.

Cette disposition est applicable aux dalles établies dans les contre-allées des boulevards; les propriétaires ou locataires sont tenus de les faire gratter, laver et balayer chaque jour. Les boues et ordures provenant de ce balayage seront mises en tas sur la chaussée pavée, le long des ruisseaux, côté des contre-allées, conformément à l'art. 1ᵉʳ.

L'eau du lavage des trottoirs et des dalles devra être balayée et coulée au ruisseau.

Les propriétaires ou locataires devront également faire nettoyer intérieurement et dégager les gargouilles placées sous les trottoirs des rues et sous les dallages des boulevards de toutes ordures et objets quelconques qui pourraient les obstruer. Ce nettoiement doit être fait chaque jour aux heures prescrites pour le balayage.

5. Les devantures de boutiques ne pourront être lavées après les heures fixées pour le balayage, et l'eau du lavage devra être balayée et coulée au ruisseau.

6. Dans les rues à chaussée bombée, chaque propriétaire ou locataire doit tenir libre le cours du ruisseau au-devant de sa maison, dans les rues à chaussée fendue, il y pourvoira conjointement avec le propriétaire ou locataire qui lui fait face.

Les ruisseaux sous trottoirs, dits en encorbellement, devront être dégagés des boues et ordures et tenus toujours libres et en état de propreté.

Pour prévenir les inondations par suite de pluie ou de dégel, les habitants, devant la propriété desquels se trouvent des grilles d'égouts, les feront dégager des ordures qui pourraient les obstruer. Ces ordures seront déposées aux endroits indiqués en l'art. 1ᵉʳ.

7. Il est prescrit aux entrepreneurs de travaux exécutés sur la voie publique ou dans les propriétés qui l'avoisinent, de tenir la voie publique en état constant de propreté aux abords de leurs ateliers ou chantiers, et sur tous les points qui auraient été salis par suite de leurs travaux; il leur est également prescrit d'assurer aux ruisseaux un libre écoulement.

TITRE II.

Entretien des rues ou parties des rues non pavées.

8. Il est enjoint à tout propriétaire ou locataire de maisons ou terrains situés le long des rues ou parties de rues non pavées, de faire combler, chacun en droit soi, les excavations, enfoncements et ornières, et d'entretenir le sol en bon état; de conserver et de

rétablir les pentes nécessaires pour procurer aux eaux un écoulement facile, et de faire, en un mot, toutes les dispositions convenables pour que la liberté, la sûreté de la circulation et la salubrité ne soient pas compromises.

9. Les concierges, portiers ou gardiens des établissements publics et maisons domaniales sont personnellement responsables de l'exécution des dispositions ci-dessus, en ce qui concerne le balayage de la voie publique, le nettoiement des trottoirs, des ruisseaux, des devantures de boutique, des grilles d'égouts, ainsi que de l'entretien des rues ou parties de rues non pavées, au devant des établissements et maisons auxquels ils sont attachés.

TITRE III.

Dépôts et projections sur la voie publique, dans la rivière et dans les égouts.

10. Il est expressément défendu de déposer dans les rues, sur les quais, ports, berges de la rivière, et généralement sur aucune partie de la voie publique, des ordures, immondices, pailles et résidus quelconques de ménage.

Ces objets devront être portés directement des maisons aux voitures de nettoiement, et remis aux desservants de ces voitures, au moment de leur passage.

Toutefois, les habitants des maisons qui n'ont ni cour ni porte-cochère pourront déposer les ordures, pailles et résidus ménagers, le matin, avant sept heures, depuis le 1er avril jusqu'au 1er octobre; et avant huit heures, depuis le 1er octobre jusqu'au 1er avril. En dehors de ces heures, il est formellement interdit de faire aucun dépôt de ce genre sur la voie publique.

Ces dépôts devront être faits sur les points de la voie publique désignés en l'art. 1er, pour la mise en tas des immondices provenant du balayage.

La tolérance résultant du paragraphe 3 du présent article ne sera, dans aucun cas, applicable à des résidus passés à l'état de putréfaction, et répandant une odeur infecte.

Ces résidus seront portés directement des maisons aux voitures de nettoiement, et remis aux desservants de ces voitures au moment de leur passage.

11. Il est interdit de déposer dans les rues, sur les places, quais, ports, berges de la rivière, et généralement sur aucune partie de la voie publique, des pierres, terres, sables, gravois et autres matériaux.

Dans le cas où des réparations à faire dans l'intérieur des maisons nécessiteraient le dépôt momentané de terres, sables, gravois et autres matériaux sur la voie publique, ce dépôt ne pourra avoir lieu que sous l'autorisation préalable du commissaire de police du quartier.

La quantité des objets déposés ne devra jamais excéder le chargement d'un tombereau, et leur enlèvement complet devra toujours être effectué avant la nuit. Si, par suite de force majeure, cet enlèvemement n'avait pu être opéré complètement, les terres, sables, gravois ou autres matériaux devront être suffisamment éclairés pendant la nuit.

Sont formellement exceptés de la tolérance les terres, moellons ou autres objets provenant des fosses d'aisances; ces débris devront être immédiatement emportés, sans pouvoir jamais être déposés sur la voie publique.

En cas d'inexécution, il sera procédé *d'office* et aux frais des contrevenants, soit à l'éclairage, soit à l'enlèvement des dépôts.

12. Il est défendu de déposer sur la voie publique les bouteilles cassées, les morceaux de verre, de poterie, faïence et tous autres objets de même nature pouvant occasionner des accidents.

Ces objets devront être directement portés aux voitures de nettoiement et remis aux desservants de ces voitures.

13. Il est interdit aux marchands ambulants de jeter sur la voie publique des débris de légumes et de fruits, ou tous autres résidus.

Les étalagistes ou tous autres individus autorisés à s'établir sur la voie publique pour y exercer une industrie doivent tenir constamment propre l'emplacement qu'ils occupent, ainsi que les abords de cet emplacement.

14. Il est défendu de secouer sur la voie publique des tapis et autres objets pouvant salir ou incommoder les passants, et généralement d'y rien jeter des habitations.

15. Il est défendu de jeter des pailles ou des ordures ménagères à la rivière, sur les berges, sur les parapets, cordons ou corniches des ponts.

16. Il est défendu de jeter des eaux sur la voie publique; ces eaux devront être portées au ruisseau pour y être versées de manière à ne pas incommoder les passants.

Il est également défendu d'y jeter et faire couler des urines et des eaux infectes.

17. Il est expressément défendu de jeter dans les égouts des urines, des boues et immondices solides, des matières fécales, et généralement tout corps ou matière pouvant obstruer ou infecter lesdits égouts.

TITRE IV.

Urinoirs publics.

18. Dans les voies publiques où des urinoirs sont établis, il est interdit d'uriner ailleurs que dans ces urinoirs.

Les personnes qui auront été autorisées à établir des urinoirs sur la voie publique devront les entretenir en bon état, et en faire opérer le nettoiement et le lavage assez fréquemment pour qu'ils soient constamment propres et qu'il ne s'en exhale aucune mauvaise odeur.

En cas d'inexécution, il sera pourvu *d'office* et aux frais des contrevenants à la réparation, au nettoiement et au lavage de ces urinoirs.

TITRE V.

Transport, chargement et déchargement des objets qui seraient de nature à salir la voie publique ou à incommoder les passants.

19. Ceux qui transporteront des plâtres, terres, sables, décombres, gravois, mâchefers, fumier-litière et autres objets quelconques qui seraient de nature à salir la voie publique ou à incommoder les passants, devront charger leurs voitures de manière que rien ne s'en échappe et ne puisse se répandre sur la voie publique.

En ce qui concerne le transport des terres, sables, décombres, gravois et mâchefers, les parois des voitures devront dépasser de 15 cent. au moins toute la partie supérieure du chargement.

Les voitures servant au transport des plâtres, même lorsqu'elles ne seront pas chargées, ne pourront circuler sur la voie publique sans être pourvues d'un about devant et derrière, et sans être recouvertes d'une bâche.

Le déchargement des plâtres devra toujours être opéré avec précaution, et de manière à ne pas salir la voie publique ni incommoder les passants.

Cette dernière disposition est applicable au déchargement des farines.

Les remises et autres locaux sous lesquels on battra du plâtre devront être séparés de la voie publique par une clôture qui empêche la poussière de s'y répandre et d'incommoder les passants.

Le nettoiement des rues, ou parties de rues salies par suite de contraventions au présent article, sera opéré *d'office* et aux frais des contrevenants.

20. Lorsqu'un chargement ou déchargement de marchandises, ou de tous autres objets quelconques, aura été opéré sur la voie publique dans le cours de la journée, et dans les cas où ces opérations sont permises par les règlements, l'emplacement devra être balayé et les produits du balayage enlevés.

En cas d'inexécution, il y sera pourvu *d'office* et aux frais des contrevenants.

TITRE VI.

Transport des matières insalubres.

21. Les résidus des fabriques de gaz, ceux d'amidonnerie, ceux de féculerie, passés à l'état putride; ceux des boyauderies et des triperies; les eaux provenant de la cuisson des os pour en retirer la graisse; celles qui proviennent des fabriques de peignes et d'objets de corne macérée; les eaux grasses destinées aux fondeurs de suif et aux nourrisseurs de porcs; les résidus provenant des fabriques de colle forte et d'huile de pieds de bœuf; le sang provenant des abattoirs; les urines provenant des urinoirs publics et particuliers; les vases et eaux extraites des puisards et des puits infectés; les eaux de cuisson de têtes et de pieds de mouton; les eaux de charcuterie et de triperie; les râclures de peaux infectes; les résidus provenant de la fonte des suifs, soit liquides, soit solides, soit mi-solides, et en général toutes les matières qui pourraient compromettre la salubrité ne pourront, à l'avenir, être transportées dans Paris que dans des tonneaux hermétiquement fermés et lutés.

Toutefois les résidus des féculeries qui ne seront pas passés à l'état putride pourront être transportés dans des voitures parfaitement étanches, et les débris frais des abattoirs, des boyauderies et des triperies, dans des voitures garnies en tôle ou en zinc, étanches également; mais, de plus, couvertes. Pourront aussi être transportées de cette dernière manière, les matières énoncées dans le paragraphe 1er du présent article, lorsqu'il sera reconnu qu'il y a impossibilité de les transporter dans des tonneaux, mais seulement alors pendant la nuit et jusqu'à huit heures du matin.

22. Le noir animal ayant servi à la décoloration de sirops et au raffinage des sucres, les os gras et les chiffons non lavés et humides, ne pourront être transportés que dans des voitures bien closes.

23. Les tonneaux servant au transport des peaux en vert, et des engrais secs de diverses natures, devront être clos et couverts.

Dispositions générales.

24. Les contraventions aux injonctions ou défenses faites par la présente ordonnance seront constatées par des procès-verbaux ou rapports qui nous seront adressés. Les contrevenants seront traduits, s'il y a lieu, devant les tribunaux, pour être punis conformément aux lois et règlements en vigueur.

Dans tous les cas où il y aura lieu à procéder *d'office*, en vertu des dispositions de la présente ordonnance, ces opérations se feront à la diligence des commissaires de police ou du directeur de la salubrité, aux frais des contrevenants, et sans préjudice des peines encourues.

Pour compléter cette ordonnance, nous croyons devoir donner une rapide analyse du cahier des charges qui avait été accepté par l'entrepreneur du nettoiement de Paris, le 23 juin 1831. Ce cahier des charges, ayant été approuvé par le ministre du commerce, portait que l'adjudication était faite pour neuf années, du 1er novembre 1831 au 31 octobre 1840. Il comprenait quatre parties : 1° le balayage à la charge de la ville ; 2° l'enlèvement des boues et immondices ; 3° curage des égouts ; 4° l'arrosement de certains lieux désignés au cahier des charges.

Nous allons en faire connaître les principales dispositions :

1° *Balayage à la charge de la ville.*

Il comprend les places publiques, les quais, les ponts et les ports de la Seine, ainsi que ceux du canal Saint-Martin, les escaliers de descente à la rivière, les abords des barrières, les boulevards, les halles et marchés, toutes choses qui sont la propriété de la ville, et les rues servant de stationnement aux marchands qui apportent les provisions ; en outre, l'entrepreneur peut être tenu, si besoin était et sur la réquisition de l'administration, à un balayage extraordinaire, avec droit à une indemnité, à raison du travail fait.

Le 3e article porte que le balayage doit être terminé tous les jours à 10 heures du matin pendant les mois d'avril, mai, juin, juillet, août, septembre et octobre, et à 11 heures du matin les autres cinq mois.

Le 4e porte que l'entrepreneur est tenu de faire extraire et relever en tas les vases, terres et immondices qui pourraient engorger les bouches des égouts, les chutes des cagnards et gargouilles, et celles des égouts du côté de la rivière.

Le 5e porte que cet enlèvement et ce balayage doivent se

faire, surtout après les crues de la rivière, sur les ports et berges de la Seine.

L'article 6 impose l'obligation à l'entrepreneur, dans les temps de gelée et de verglas, de faire répandre du sable sur les ponts, les quais, les boulevards, puis enlever ce sable à la première réquisition de l'autorité.

L'article 7 porte que les neiges et les glaces doivent être enlevées et jetées dans la rivière aux endroits désignés, par tous les ouvriers du balayage, depuis 7 heures du matin jusqu'à 5 heures du soir. Dans le cas où les ouvriers de l'entrepreneur seraient insuffisants, l'autorité pourvoirait à ses frais par les moyens et par les ouvriers qu'elle jugerait convenable d'employer pour ce service. L'article 42 ci-après fixe le maximum que doit fournir l'entrepreneur.

2° *Enlèvement des boues et immondices.*

L'entrepreneur est tenu par l'article 8 à faire chaque jour, et aux heures prescrites, l'enlèvement des boues, immondices et résidus quelconques, dans toutes les rues actuellement existantes, et dans celles qui pourraient être ouvertes pendant la durée du bail; en un mot, dans tous les lieux publics non fermés, et aux abords intérieurs et extérieurs des barrières, d'après l'article 1er.

Art. 9. A l'entrepreneur seul est réservé le droit d'employer des tombereaux, ou tous autres moyens de transport analogues, pour l'enlèvement des immondices sur toute la voie publique; mais, à moins d'autorisation spéciale, il ne peut employer des voitures de plus de deux colliers.

Art. 10. L'enlèvement des boues doit avoir lieu au plus tard à 8 heures du matin jusqu'à 11 heures pendant les cinq mois d'hiver; pour l'été, dès 7 heures du matin, et être terminé au plus tard à 10 heures; de telle sorte que ce service se coordonne avec les heures prescrites par les ordonnances de police relatives au balayage à la charge des habitants.

Art. 11. L'entrepreneur est autorisé, selon les besoins, à employer des voitures à un seul collier après 4 heures en hiver et 7 heures en été.

Art. 12. Voitures et autres moyens de transport disposés de manière à ne rien répandre; entretien et propreté extérieure de ses voitures.

Art. 13. Chaque voiture doit porter une plaque blanche de tôle, sur laquelle il y aura un numéro d'ordre noir. Les conducteurs des tombereaux doivent être âgés d'au moins dix-huit ans.

Art. 14. L'enlèvement des boues doit être fait exactement, proprement; les employés ne doivent rien laisser sur le bord des ruisseaux, dans les entre-bornes, ni sur aucune autre partie.

Art. 15. Chaque voiture doit avoir une cloche pour annoncer son passage.

Art. 16. Le service n'étant pas terminé aux heures prescrites sera continué jusqu'à parfait achèvement, mais l'entrepreneur sera passible de retenue en raison du retard.

Art. 17. L'enlèvement des boues et immondices doit avoir lieu, toute l'année, deux fois par jour, dans les halles du centre établies ou à établir, et dans les marchés Saint-Germain et Saint-Honoré. De plus, s'il était nécessaire pour les marchés d'autres quartiers de faire un autre nettoyage que celui du matin, l'entrepreneur devrait le faire le soir et sur l'ordre de l'autorité.

Art. 18. Les lundi, jeudi et samedi de chaque semaine, les terres, gravois, sables, décombres et mâchefers, doivent être enlevés dans le cours du service; ces matières doivent être transportées aux décharges publiques ou particulières aux frais de l'entrepreneur, sauf son recours en dommages et intérêts contre les auteurs de ces dépôts.

Art. 19. Se rapporte également à l'enlèvement des neiges et glaces imposé par l'article 7.

Art. 20. Obligation de fournir quarante traîneaux, les chevaux et les hommes nécessaires pour le dégagement des égouts en temps de neige et de glace.

3° *Transport des boues et immondices.*

Art. 21. Toutes voiries existantes sont supprimées. Les produits du nettoiement doivent être transportés à 2,000 mètres des barrières, sur des terrains dont l'entrepreneur doit se pourvoir à ses frais, risques et périls, en se conformant aux lois et règlements relatifs aux établissements insalubres.

4° *Curage des égouts.*

Art. 22. L'entrepreneur doit faire le curage de tous les puisards et égouts existants et de tous ceux qui pourraient être construits pendant la durée du bail, et dont l'entretien serait à la charge de la ville. Certaines parties des égouts doivent être chaque jour nettoyées. L'entrepreneur doit fournir l'emploi journalier de plus de 100 ouvriers, y compris 10 chefs ou sous-chefs, et plus de 26,280 journées d'ouvriers par an.

Art. 23. Les chefs et sous-chefs en service doivent porter une ceinture garnie d'une plaque en cuivre conforme au modèle déterminé par l'administration.

Art. 24. Indépendamment du service indiqué par l'art. 22, l'entrepreneur doit faire l'enlèvement et le transport à ses frais, aux décharges publiques ou particulières, des sables, sédiments et résidus provenant du curage des égouts.

Art. 25. L'entrepreneur doit fournir aux ouvriers, chefs ou sous-chefs tous les outils ou objets nécessaires à leur service, tels que ceintures, bottes, vannes, paniers, échelles, cordes, poulies, pelles, pics, brouettes, seaux, lampes, huiles, chandelles, rabots, tringles en fer, dragues en fer et en tôle, etc. Il doit également fournir les secours en cas d'accidents.

Chaque atelier doit toujours être pourvu d'une bouteille de chlorure de chaux.

Art. 26. En temps de gelée ou de sécheresse, les sédiments adhérents au pavé ou dalles des égouts doivent être enlevés à pic ou par tout autre moyen par l'entrepreneur.

Art. 27. Le curage et le nettoiement ordinaire doivent toujours précéder les reconstructions ou réparations à faire aux égouts ; mais l'enlèvement des matériaux de démolition, gravois, etc., n'est pas à la charge de l'entrepreneur.

Art. 28. L'administration se réserve le droit de n'adopter aucun nouveau mode que lorsqu'une série d'expériences en aura démontré la supériorité.

5° Arrosement.

Art. 29. Obligation d'arroser les parties indiquées en cet article du cahier des charges.

Art. 30. Dans le cas où le nombre de lieux à arroser serait augmenté, l'entrepreneur aurait droit à une indemnité fixée de gré à gré en raison de la dépense à faire.

Art. 31. L'entrepreneur doit se pourvoir de l'eau nécessaire à son service; il peut prendre l'eau à la pompe des Invalides, à la charge par lui de pourvoir aux frais d'entretien de cette pompe.

Art. 32. L'arrosement doit avoir lieu de 8 heures à midi et de 2 à 6 heures. L'ordre peut être donné à 6 heures du matin ou à midi ; cet ordre doit être pris au bureau de la direction du service.

Art. 33. L'arrosement n'étant pas fini entièrement aux heures prescrites, il est continué sans interruption sans préjudice de retenue. L'administration a le droit de faire changer les heures si les besoins du service l'exigent.

Art. 34. Dans les fêtes ou cérémonies publiques, l'entrepreneur est tenu, sur la réquisition de l'administration, de faire conduire tout ou partie des voitures d'arrosement sur les points et pour le service qui lui sont indiqués, sans autre indemnité que celle de l'eau. L'administration détermine les parties où l'arrosement peut être suspendu dans le cas dont il s'agit.

Art. 35. Pendant les chaleurs, et lorsqu'il en est requis par l'administration, l'entrepreneur est tenu de faire jeter dans les égouts la quantité d'eau qui lui est prescrite. Alors il doit commencer l'arrosement une heure plus tôt. L'indemnité due dans ce cas sera fixée de gré à gré ou par expert, en raison de la quantité d'eau jetée dans les égouts.

Art. 36. L'arrosement doit être fait à pleine cannelle, de manière à bien mouiller le sol sans former boue. Les arrosoirs, soumis à l'approbation du préfet, doivent diviser également l'eau qu'ils répandent et ne pas la verser de trop haut. Les conducteurs des tonneaux sont âgés d'au moins dix-huit ans. En cas de mauvais service, les préposés de l'administration font recommencer l'arrosement, sans préjudice des retenues fixées ci-après.

Art. 37. Toutes les fois qu'il y a lieu à une expertise, le préfet de police et l'entrepreneur nomment chacun un expert; en cas de partage, le conseil de préfecture nomme un tiers expert. Les frais d'expertise sont partagés, moitié par l'administration et moitié par l'entrepreneur. Dans le cas de contre-expertise, les arbitres délibèrent en commun, et prononcent à la majorité des voix et comme amiables compositeurs.

Art. 38. L'administration ordonne chaque mois, et plus souvent si elle le juge nécessaire, le recensement du personnel et de tout le matériel employé aux différentes parties du service. L'heure et le lieu de la réunion sont indiqués par le préfet. On y constate le nombre d'ouvriers, de chevaux attelés. En outre, chaque mois l'entrepreneur est tenu de faire connaître au préfet l'itinéraire et la répartition de son service en général. Il ne peut rien changer sans prévenir l'administration quarante-huit heures à l'avance.

Art. 43. Dans les circonstances extraordinaires ou imprévues, et notamment lors des travaux du déblaiement des neiges et glaces, l'entrepreneur est tenu de déférer à toutes les injonctions qui lui sont faites par l'administration, dans le but de coordonner la marche du service avec l'importance et les véritables besoins de ces circonstances, sans que jamais la présente clause puisse l'obliger à augmenter ses moyens d'exécution, sauf les cas précédemment déterminés.

Art. 44. Le préfet de police a le droit, après une enquête préalable, d'exiger le renvoi, soit temporaire, soit définitif, de tout employé de l'entreprise qui donnerait lieu à des plaintes fondées à l'occasion du service.

Art. 45. Les infractions aux dispositions du présent cahier des charges donnent lieu à des retenues sur le prix de l'adjudication. Ces infractions sont constatées par des procès-verbaux des commissaires de police et par des rapports des chefs et préposés de l'administration. L'entrepreneur est prévenu jour par jour des procès-verbaux ou rapports dressés contre lui dans les diverses parties du service. Il peut prendre connaissance et même copie, au bureau du chef de service, de ces procès-verbaux ou rapports.

A partir de l'article 44 se trouve le tableau des retenues à faire à l'entrepreneur dans les cas d'infractions au cahier des charges. Ces retenues portent : 1° sur le balayage, 2° sur l'enlèvement des boues et immondices, 3° sur le curage des égouts, 4° sur l'arrosement, et 5° sur le personnel des employés de l'entrepreneur.

Art. 47. Toutes ces retenues ont lieu sans préjudice du remboursement par l'entrepreneur des dépenses faites pour réparer les omissions ou négligences dans son service. Ces dépenses sont constatées par des mémoires dont le paiement est fait par la caisse de la préfecture, qui en retient le montant, sur les premiers fonds dus à l'entrepreneur.

Art. 48. L'adjudicataire ne peut céder tout ou partie de son entreprise, ni sous-louer aucune partie de son service, sans le consentement formel et par écrit du préfet de police. Cette interdiction est susceptible de toute la latitude d'application de l'article 1717 du Code civil.

Art. 49. L'entrepreneur est payé du prix de son adjudication par douzième de mois en mois, sauf les retenues pour contravention. Les indemnités pour service supplémentaire lui sont également payées à la fin du mois.

Art. 50. Pour garantie du contrat, l'entrepreneur verse à la Caisse des dépôts et consignations un cautionnement de 300,000 fr. en numéraire, ou en rentes 5 pour 100, 4 et demi, 4 et 3 pour 100, au prix du cours de la veille du jour de l'adjudication. On lui en paie les intérêts à chaque échéance.

Art. 53. La résiliation sera de plein droit : 1° Si l'entrepreneur néglige son service au point que les retenues dont il sera passible s'élèvent pour un mois au delà de 15,000 fr.; 2° s'il est légalement constitué hors d'état de faire son service ou de le continuer ; 3° s'il abandonne son entreprise ou s'il ne se conforme pas aux dispositions de l'art. 43.

Art. 56. Pour l'exécution de la présente adjudication, l'entrepreneur est soumis à être traité comme entrepreneur de travaux publics. En conséquence, toutes contestations qui s'élèvent sur ladite exécution sont jugées administrativement au conseil de préfecture, sauf le recours au conseil d'État.

DEUXIÈME PARTIE.

Améliorations à apporter sur la propreté des murs de Paris, à son nettoiement et à celui de diverses localités.

Les améliorations à apporter dans le nettoiement de la ville de Paris sont un sujet digne de fixer l'attention du conseil général et celle des hygiénistes ; nous verrions avec le plus grand plaisir cette intéressante question remise au concours. On exciterait ainsi la sollicitude générale, et peut-être qu'il ressortirait d'une semblable étude des idées utiles qu'on pourrait mettre en pratique; déjà nous nous sommes occupé de ce sujet, mais avons-nous atteint le but que nous nous sommes proposé? c'est ce que peuvent décider nos lecteurs.

Sur l'enlèvement des boues et immondices, et assainissement des villes et communes de France; moyen de le faire servir, dans quelques cas, au soulagement des pauvres.

L'enlèvement des boues des villes a toujours été pour l'administration municipale un sujet d'embarras et de dépenses plus ou moins considérables par rapport aux localités, et, malgré ces dépenses, cet enlèvement est assez souvent mal opéré; il en résulte de graves inconvénients sous le rapport de la propreté et de la salubrité des villes et des communes.

Avant de publier cet article, nous nous sommes posé les questions suivantes :

1° Quels seraient les moyens les plus économiques de procéder au nettoiement des villes pour qu'il y ait propreté et salubrité?

2° Quels seraient les moyens à prendre pour tirer un bon parti des boues, et couvrir le prix du nettoyage par le produit qui résulterait de la vente de cet engrais?

3° Quels seraient pour les villes de province, pour les communes rurales, les moyens à mettre en pratique pour maintenir la propreté de ces localités, sans placer l'administration municipale dans l'embarras causé par les sommes à payer pour l'enlèvement des boues et immondices?

Le meilleur moyen, le moyen le plus économique pour entretenir dans une grande ville la propreté et pour opérer l'enlèvement complet des boues, présente les plus grandes difficultés dans son exécution. En effet, pour que la propreté soit maintenue dans une grande ville, il faudrait : 1° Que, dans aucun cas, ces immondices ne fussent jetées sur la voie publique ; car, d'abord mises en tas, elles sont dispersées par les chiffonniers, broyées par les voitures, entraînées dans les boues des ruisseaux, disséminées par les piétons; elles donnent alors lieu à la production de la boue (1) ; 2° il faudrait que ces immondices fussent conservées dans les maisons jusqu'au passage des voitures destinées à leur enlèvement. Ces voitures devraient être d'une élévation peu considérable ; elles ne devraient jamais non plus *être surchargées*, pour ne pas répandre les immondices ramassées, comme cela arrive très souvent. Les voitures destinées à l'enlèvement des boues pourraient passer trois fois par jour, *à des heures fixes*, dans les rues qui leur seraient particulièrement affectées, et leur passage pourrait s'annoncer par un avertissement quelconque, de façon que les ordures ramassées dans les maisons pussent être immédiatement portées de la maison dans la voiture d'enlèvement.

Pour compléter l'assainissement, il faudrait : 1° Que toutes les eaux ménagères fussent conduites directement dans les égouts (2), ou, à défaut d'égouts à proximité, qu'elles pussent

(1) On a souvent, dans les journaux politiques, réclamé contre le mauvais état des rues ; mais on n'a jamais étudié la question, on n'a jamais profité de l'influence de la presse pour indiquer aux habitants des villes les moyens à mettre en pratique pour obtenir une propreté qui dépend d'eux en grande partie.

(2) On commence à exécuter les égouts dont nous demandions la création, dès 1838, dans le tome XIX des *Annales d'hygiène*, en nous exprimant ainsi :

« Un moyen d'obvier à ces inconvénients, et de maintenir l'eau de la
» Seine dans un état constant de propreté, serait de pratiquer des deux
» côtés de la rivière, à partir de la barrière de la Gare et de Bercy, deux
» grands égouts qui recevraient les eaux de tous les autres égouts et qui
» iraient les porter hors de la ville, au-dessous de la barrière de Passy,
» d'un côté, et de celle de la Cunette, de l'autre. A l'aide de ce moyen,
» qui exigerait, il est vrai, de fortes dépenses, les eaux de la Seine, qui
» servent aux usages domestiques de 900,000 individus, ne seraient pas
» souillées par les immondices qui, dans l'état actuel des choses, viennent
» les salir.

» On pourrait, lorsqu'un pareil travail sera entrepris, car nous espé-

couler dans un ruisseau recouvert par le trottoir (voir *les trottoirs de la rue Vivienne*) ; mais ces modes de faire ne peuvent être que le résultat d'une amélioration progressive ; 2° que l'on construisît sur un grand nombre de points de la capitale des urinoirs publics. Ces urinoirs devraient consister en une cuvette fixée dans le mur. Cette cuvette, destinée à recevoir les urines et à les conduire dans les égouts, à la rivière, devrait avoir un tube destiné à conduire ces urines ; mais ce tube devrait être *un tube en siphon*, afin qu'il ne pût se vider entièrement, et qu'il ne pût servir à un aérage de l'égout par la cuvette ; ce qui alors donnerait lieu à des émanations méphitiques. Il faudrait aussi rechercher quels sont les moyens à prendre pour construire ou vernir l'intérieur des cuvettes, afin qu'elles ne pussent s'encrasser et répandre de la mauvaise odeur (1) ; 3° que l'on établît en divers

» rons qu'il le sera un jour, construire ces deux grands égouts de manière
» qu'ils puissent être lavés par de l'eau qu'on y introduirait par la par-
» tie supérieure ; mais nous livrons la méditation de cette idée aux
» hommes de l'art. »

(1) Les urinoirs construits jusqu'à présent sur la voie publique sont construits contrairement à toutes les règles de l'hygiène. Les urinoirs construits sur les boulevards sont mal disposés pour ceux qui en font usage et qui se salissent en urinant ; ils occupent un grand espace pour ne recevoir qu'une personne. Aussi voit-on souvent plus de personnes uriner à l'entour qu'à l'intérieur. L'urine, dans ces pissoirs, est répandue sur une grande surface : elle fermente, répand de l'odeur, et salit les ruisseaux dans lesquels elle coule. Les pissoirs en lave de Volvic vernissée, ceux qui sont établis au Luxembourg, ont aussi l'inconvénient de recevoir l'urine sur une large surface au contact de l'air. Des urinoirs devraient, selon nous, ne présenter que la surface nécessaire pour leur usage, et l'urine devrait être conduite non dans le ruisseau, mais dans un égout, à moins, toutefois, que le ruisseau ne soit abondamment lavé par les eaux de la localité. On devrait, en suivant les préceptes donnés par M. Bayard, mettre dans ces pissoirs une petite quantité de goudron qui enlève à l'urine sa propriété fermentescible.

Ce qui vaudrait mieux encore, ce serait d'utiliser les urines en agriculture. Le gouvernement devrait proposer un prix de 10,000 fr. *pour celui qui aurait prouvé d'une manière pratique quels sont les procédés pour*

lieux un certain nombre de *latrines publiques gratuites*. Ces latrines devraient être construites de telle façon qu'elles ne pussent être salies par ceux qui s'y rendraient. On pourrait peut-être, faire surveiller ces latrines par des pauvres, qui d'abord recevraient une petite subvention de la ville, et qui, en outre, auraient souvent une *rétribution volontaire* des personnes aisées qui seraient dans la nécessité de faire usage de ces latrines. Il faudrait, en outre, que ces latrines fussent telles que non seulement les hommes, mais encore les femmes, qui sont si embarrassées lorsqu'elles se trouvent pressées d'un besoin, pussent en faire usage. On conçoit que de semblables latrines pourraient être établies du consentement du propriétaire, dans une maison particulière, et qu'il n'en résulterait aucune charge pour lui, puisque ces latrines seraient vidées, non à ses dépens, mais par les soins de l'administration. De plus, ces latrines pourraient être lavées à l'aide d'eau que l'on tirerait des bornes-fontaines (1).

Nous ne pensons pas que la vidange des latrines publiques coûterait à la ville la moindre dépense ; car en tous lieux, nous l'espérons, on trouverait facilement des gens disposés à faire l'enlèvement gratuit de ces matières, pour être employées à la fabrication d'engrais utiles, fabrication qui devrait avoir lieu à l'aide de moyens certains de désinfection (2). L'enlèvement des vases appropriés à recevoir les matières devrait être prompt et facile ; il devrait se faire sans salir la voie

---

l'application des urines à l'agriculture, sans qu'il y ait danger pour la salubrité publique.

Ce prix proposé, nous n'en doutons pas, la question serait résolue, et il en résulterait pour les populations utilité et salubrité.

(1) On pourrait encore autoriser des individus à établir des *latrines publiques gratuites* ; mais il faudrait, pour les intéresser à cela, qu'ils fussent reconnus propriétaires des matières, et qu'ils pussent en disposer sans nuire à la salubrité.

(2) Nous devons citer le moyen inventé par MM. Suquet et Krafft, dont nous avons déjà rendu compte.

publique, sans causer d'infection ; nous croyons que sous ce point de vue la question peut être étudiée avec succès, et qu'on pourrait dans ce cas appliquer les appareils Couverchel, Derosne, Valmont, etc., qui permettent de séparer les liquides des solides.

Mais revenons à l'enlèvement des boues qui, dans une ville comme Paris, sont considérables, puisque l'on a établi, d'après quelques calculs, qu'elles pouvaient s'élever de 80 à 100,000 tombereaux par année. Divers procédés ont été proposés à ce sujet ; quelques uns ont été mis à exécution.

On a proposé : 1° De jeter les boues à la rivière, et par conséquent de les enlever ainsi d'une manière économique en se servant de l'eau du fleuve : ce projet était, disait-on, facile, en ce sens que les voitures auraient un trajet peu considérable à faire, en ce qu'on n'aurait plus de voiries à établir. Mais on ne peut se dissimuler ce qu'il y aurait de barbare et d'insalubre dans l'application d'un semblable mode de faire. En effet, cette application priverait l'agriculture d'un genre d'engrais qui, répandu dans les plus mauvais sols, les change en terrains aptes à la reproduction de produits utiles ; en outre, elle aurait l'inconvénient de salir les rives de la Seine sur toute son étendue, et peut-être de donner lieu à des atterrissements soit dans diverses parties de la rivière, soit dans les ports alimentés par les eaux de ce fleuve. Nous rappellerons ici qu'en 1404, il fallut curer la rivière de Seine ; les habitants voisins de ce fleuve en ayant fait une voirie en y jetant les immondices, afin de s'en débarrasser (Voir *le livre rouge vieux, folio* 227. *Il contient des lettres patentes qui ordonnent le curage de la rivière, et qu'il sera informé contre ceux qui y ont jeté des immondices.*)

Girard, de l'Institut, notre collègue au conseil de salubrité, proposait de débarrasser les rues des boues en se servant de masses d'eau qui ne laisseraient que les immondices à l'état solide. Nous pensons, nous, qu'il vaut mieux empêcher la formation des boues ; par là on évitera la nécessité de les enlever par l'eau, ce qui n'est pas facile, et ce qui causerait de la dépense et la perte de produits utiles, enfin de l'insalubrité.

2° De jeter les immondices dans quelques carrières profondes des environs de Paris. Ce projet n'est pas nouveau, car nous avons eu à examiner, comme chimiste, des matières provenant évidemment de boues de Paris qui avaient été jetées dans des carrières. Ce moyen a été rejeté : on a craint que la carrière ne se comblât, que l'accumulation des matières ne donnât lieu : 1° à des émanations miasmatiques; 2° à des liquides susceptibles de gâter l'eau des puits, de gagner les caves des lieux environnants; 3° enfin d'être un sujet d'infection; les gaz produits pouvant pénétrer dans divers lieux par les fissures que présentent toujours les carrières.

3° D'abandonner aux cultivateurs des environs de Paris les boues, à la condition par eux de les enlever sans frais. Mais ce mode de faire, adopté depuis quelques années, a des inconvénients : — 1° Les cultivateurs ramassent plus ou moins bien les boues, selon leur nature; 2° les voitures qu'ils emploient sont mal disposées à cet effet; 3° ils surchargent leurs voitures et répandent dans un quartier ce qu'ils ont ramassé dans un autre; les chevaux qu'ils emploient ne sont pas tous bons; quelquefois un attelage bizarre, composé d'un cheval et d'un âne, ne peut ébranler le tombereau chargé de boue : il en résulte des lenteurs dans le service; 4° les boues enlevées sont déposées aux abords des routes et séjournent là pendant un certain temps, et si elles ne sont plus pour Paris un sujet d'infection, elles deviennent des causes notables d'insalubrité pour les abords des routes royales et commerciales, pour les habitants des 83 communes du département de la Seine.

4° De détruire l'infection des boues à l'aide d'agents chimiques. Ce projet mérite d'être examiné, et si l'on trouvait un procédé utile et économique, on rendrait un service immense à l'hygiène publique; mais il est à craindre que ces procédés ne soient trop coûteux.

5° De placer les voiries près des porcheries et de faire consommer les résidus par des porcs; mais ce projet aurait pour but d'ajouter à l'infection des voiries l'infection déterminée par les porcheries.

6° De transporter les boues dans des lieux éloignés de la capitale, à l'aide de relais. Nous adopterions un semblable moyen si l'on pouvait l'employer avec économie, ce qui nous paraît impossible.

7° D'établir les voiries à boues dans un assez grand nombre de localités à la fois, de façon que les agriculteurs puissent venir prendre, en payant, les immondices dont ils auraient besoin; mais ce projet présente encore des inconvénients, en raison de la dispersion des voiries et des émanations. Nous concevrions : 1° l'établissement de bâtiments fermés surmontés de cheminées d'aérage, et qui serviraient de voiries. Les boues déposées dans ces bâtiments, construits à la proximité des communes qui emploient ces boues, seraient vendues à un prix déterminé à ceux qui en auraient besoin : si les émanations qui devraient sortir par les cheminées d'aérage étaient susceptibles de nuire par leur odeur au voisinage, il serait possible de détruire ces émanations par des moyens chimiques et à peu de frais; 2° la formation de voiries salubres qui pourraient être établies en louant un terrain, y ouvrant des fossés et y enfouissant, pendant six mois, un an, les immondices; immondices qui fourniraient après cet enfouissement, et par consomption, un engrais qui pourrait être bien vendu lorsqu'il serait converti en terreau (1).

8° Le transport des boues par eau, dans diverses localités, sur les bords, et en aval et en amont du fleuve. Ce projet nous semble le plus rationnel, parce que de son emploi il doit

(1) Il nous semble que le nombre des fossés à creuser ne serait pas aussi considérable qu'on le pense.

résulter un immense avantage pour l'administration, en ce sens : 1° qu'une partie de la boue étant enlevée par ce moyen, elle sera transportée dans les localités qui éprouvent un grand besoin de cet engrais ; là, les cultivateurs sont prêts à le payer sa valeur : ce transport des immondices s'opère en divers lieux ; en Belgique, il se fait à l'aide des canaux et des fleuves ; 2° en ce que les boues de Paris, devenant plus rares, elles seront plus recherchées par ceux qui ont l'habitude de les employer et qui en tirent un bon parti ; elles acquerraient alors plus de valeur : de façon qu'un entrepreneur de l'enlèvement des immondices trouverait un avantage à soumissionner à des prix moindres que ceux demandés.

Nous croyons donc que le meilleur mode d'opérer l'enlèvement des immondices de Paris consisterait : 1° dans la conservation de ces immondices dans les maisons ; 2° dans un enlèvement de ces immondices, partie par eau, partie par terre, et même par chemin de fer, plaçant les boues enlevées par terre dans des voiries couvertes et fermées, dont le voisinage ne serait pas nuisible sous le rapport de la salubrité. Mais il faudrait encore que les bateaux qui transporteraient ces boues fussent de dimensions telles qu'on ne fût pas forcé de faire stationner trop longtemps les bateaux qui recevraient ces immondices avant de les faire porter. Nous avons vu charger à Anvers, en 1839, quatre bateaux de boues dans une journée, et ces bateaux quittaient immédiatement le port pour descendre le fleuve. Il faudrait aussi savoir d'avance où les bateaux pourraient aborder, afin d'avoir un débouché des produits qu'ils transporteraient.

La conservation des immondices dans les maisons est encore une opération qui nécessite quelques réflexions ; car on sait que les immondices renferment des produits d'une certaine valeur, du chiffon, des os, du verre cassé, de la porcelaine dorée, de la ferraille, du cuivre, du papier, etc., et que tous ces objets, recherchés par les chiffonniers, rentrent dans l'industrie, et mettent une foule d'individus dans la position de gagner leur vie et de soutenir une famille. Il faudrait, pour ne rien perdre et ne léser personne, embrigader les individus qui s'occupent de la profession de chiffonnier, et leur permettre de ramasser, dans les immondices, les objets de quelque valeur, en leur imposant la condition de ranger les boues, soit dans les bateaux soit dans les voiries fermées.

Ces objets ainsi ramassés seraient plus propres, et ils ne seraient pas détériorés.

On ne doit pas se dissimuler que l'enlèvement des boues par eau fera du tort à la population des communes rurales du département de la Seine et de quelques communes de Seine-et-Oise, en donnant une plus grande valeur aux engrais en général. Mais l'abondance des boues rend les habitants de ces communes insouciants sur la récolte des engrais ; aussi les voit-on laisser sur la voie publique les immondices qu'ils pourraient utiliser, les voit-on perdre avec indifférence l'eau qui s'écoule des vacheries, des fumiers, etc., etc. Nous bornons là ce que nous avons à dire sur ce sujet important, et qui mériterait d'être étudié par une commission spéciale, afin de bien peser les avantages et les inconvénients des mesures à prendre.

Arrivons aux moyens à mettre en pratique pour le nettoiement des villes de province et les communes rurales. Déjà nous nous étions occupé des moyens d'exécution, et voici ce que nous avions proposé en 1832, après qu'il nous eut été démontré : 1° que la récolte de la boue dans les communes fournirait aux agriculteurs un engrais utile ; 2° que cet enlèvement entretiendrait la propreté et la salubrité.

On choisirait un terrain en rapport avec la population et l'étendue de la commune, en ayant la précaution de prendre ce terrain dans un lieu assez éloigné des maisons, et dans une position convenable, pour que les émanations poussées par les vents régnants ordinairement ne soient pas portées sur les habitations.

Le choix du terrain fait, on y creuserait un fossé destiné à recevoir les boues, et dont trois côtés seraient élevés, tandis que le quatrième se terminerait par une pente douce, propre à faciliter l'accès des voitures. Le fossé serait aussi disposé pour opérer facilement le déchargement des voitures, 1° sur le côté formant le fond du fossé, 2° sur les deux côtés latéraux ; on établirait momentanément, sur l'endroit de la décharge, un fort madrier fixé par des pieux, afin que les voitures ne pussent être précipitées dans la tranchée (1).

Ces dispositions une fois prises, on choisirait, dans la commune, deux ou quatre, et même un plus grand nombre d'individus parmi les pauvres, qui, bien que valides, sont à la charge des habitants : on leur donnerait une petite charrette, traînée par un âne ou par un mauvais cheval, et on leur ordonnerait de parcourir sans cesse, pendant les jours ouvrables, la commune et ses abords, enlevant, à l'aide de la pelle et du balai, toutes les immondices qui s'y trouveraient, afin de les conduire dans le réservoir de la commune. Ce nettoiement de tous les instants fournirait une assez grande masse de produits, et son enlèvement continuel entretiendrait une propreté agréable et salubre.

Si les ruisseaux de la commune charrient des boues et des immondices (2) ; s'ils forment des mares, qui sont signalées dans un grand nombre de localités comme des lieux d'où

(1) On pourrait encore établir sur le haut du fossé une plate-forme ou place carrée, où les boues pourraient être versées de façon que le boueur pût les trier pour en séparer les produits qui ont de la valeur, produits que nous signalerons plus bas, puis les jeter ensuite dans la voirie.

(2) On conçoit que ces dernières dispositions touchant les mares sont dépendantes des localités ; elles pourraient particulièrement être prises dans les communes peu riches en engrais, qui se trouveraient placées sur le bord d'un coteau ou d'une montagne, et où l'on voudrait recueillir les terres, etc., entraînées par les eaux.

s'exhalent des émanations insupportables, il faudrait agir de la manière suivante, afin de tirer parti des boues qu'elles retiennent. On divise la mare en deux sections, qui reçoivent alternativement, et à volonté, les eaux. Ces mares sont creusées à une profondeur de deux à trois pieds. On les dispose, du moins autant que le sol le permet, de manière à laisser échapper l'eau, en tout temps, par la partie supérieure, et à volonté par la partie inférieure (1), lorsqu'on voudrait les vider, ce qui se ferait alternativement et au bout d'un temps donné. On conçoit qu'on ne débarrasserait la mare située à droite que lorsque les eaux de celle-ci entreraient dans la partie gauche, laissant d'abord l'eau en repos pendant quelques jours, afin que toutes les matières qu'elle aurait entraînées fussent précipitées. Ce dépôt une fois fait, à l'aide d'une planche formant vanne, on donne lieu à l'écoulement de l'eau, on laisse ressuyer, et, au moyen de rables et de pelles à curer, on extrait les immondices solides pour les conduire dans le fossé de curage de la commune.

On pourrait aussi, dans l'intérêt de l'agriculture et dans celui des habitants, exiger de ceux qui nourrissent des bestiaux qu'ils établissent dans leurs cours un puisard étanche destiné à recueillir les liquides des étables. Ces eaux seraient enlevées, si elles n'étaient utilisées par les propriétaires, par les boueurs de la commune, à l'aide de barils ou tonneaux, et conduites dans le trou à immondices, où elles bonifieraient les produits ramassés sur la voie publique. Cette bonification est fondée sur les expériences, qui ont démontré que les eaux qui découlent des fumiers, les urines des bestiaux, celle de l'homme, peuvent être employées comme engrais, et que, pour les faire servir avec profit, il s'agit de les laisser

(1) Les rues étant bien propres, les immondices ne saliront pas les ruisseaux. Il en résulte que les mares qui, dans les villages, sont la plupart du temps salies par les boues entraînées par les eaux, n'auraient plus d'odeur infecte.

fermenter, ou de les mettre en contact avec d'autres matières.

Les eaux des blanchisseuses, les *eaux de savon*, qui ont été considérées comme nuisibles à la végétation, peuvent, lorsqu'elles sont récentes ou même fermentées, mais employées en quantité convenable, servir à l'arrosement; on peut aussi en retirer des matières utiles à l'éclairage. J'ai vu à Grenelle, près de Vaugirard, des choux et d'autres légumes arrosés avec ces liquides; ces légumes étaient vigoureux. Cuits, ils n'avaient aucune saveur désagréable. Les eaux savonneuses de la commune de Vanvres, habitée par un nombre considérable de blanchisseuses, sont en partie employées dans le parc de cette commune à des cultures diverses, et des artichauts arrosés de cette manière acquièrent un grand volume.

Il nous reste maintenant à expliquer comment on pourrait couvrir les dépenses nécessitées par l'enlèvement des boues.

Nous avons dit qu'il existe des personnes encore valides, mais pauvres, qui sont à la charge des habitants aisés; ces personnes devraient être employées à ce travail, dont elles seraient indemnisées, soit à l'aide d'une souscription volontaire de la part des habitants, soit avec le produit de la vente publique des matières recueillies, et qui seraient livrées après une année de séjour dans la voirie. Si les boueurs étaient payés par souscription, les boues seraient partagées entre les souscripteurs, qui pourraient y trouver un grand profit. En effet, supposons qu'une commune comptât cent cultivateurs, et que ces cultivateurs fussent souscripteurs pour 6 francs payés de douzième en douzième, c'est-à-dire mensuellement 50 centimes, il en résulterait une somme de 50 francs par mois pour désintéresser les personnes qui se seraient chargées de l'enlèvement des boues. Supposons ensuite que l'on eût ramassé dans l'année trois cents voitures de boues (1),

(1) Le nombre 300, pour les voitures de boues ramassées, peut paraître

il en résulterait que le cultivateur aurait pour 6 francs au moins une voiture et demie de boue consommée, représentant trois voitures de boue qui n'aurait pas subi la fermentation.

Si les cultivateurs ne voulaient pas souscrire, le maire mettrait en adjudication le produit de la récolte, et en supposant que ce produit fût vendu à raison de 5 francs la voiture, on retirerait une somme plus que suffisante pour indemniser les boueurs (1).

Il nous semble qu'en adoptant la méthode que nous proposons, et en la modifiant selon les circonstances et les localités, on pourrait tenir les communes rurales dans un état convenable de propreté et de salubrité, état qui est réclamé, non seulement par les maires et par les habitants, mais encore par tous ceux qui s'occupent d'hygiène publique.

Il est bon de faire remarquer que, par l'adoption de cette mesure, on doit espérer d'autres avantages, soit pour la commune, soit pour les pauvres chargés de l'enlèvement des boues, qui pourraient mettre de côté divers objets qu'elles

---

considérable; cependant nous croyons qu'il est beaucoup de communes où l'on pourrait les obtenir, surtout si l'on cure les fossés des routes, où l'eau qui s'écoule des chemins, pendant les grandes pluies, entraîne des terres imprégnées de matières animales. Ces terres, en raison des matières qu'elles contiennent, sont un excellent engrais; et dans plusieurs pays, à Zurich, par exemple, les paysans ont bien soin, pendant les pluies, de diriger sur leurs possessions les eaux qui s'amassent sur les chemins : ils les regardent comme un excellent engrais, engrais qui est d'autant meilleur que le chemin est plus fréquenté.

J'ai eu occasion de faire jeter à Méze, sur des vignes, la terre d'un chemin, terre qui était amenée par les eaux dans un fossé bordant une pièce de vigne. Cette terre a produit un excellent effet sur la partie du vignoble qui l'a reçue.

(1) Des renseignements pris dans les voiries établissent que la boue, dans un an, diminue de moitié de son volume. Nous avons dû donner ces renseignements, quoique nous les regardions comme inexacts. D'après ce que nous avons vu par nous-même, nous pensons que la diminution est environ du tiers.

renferment, et au nombre desquels on peut citer les os, les vieux papiers, les chiffons de coton, de laine, de fil; le verre cassé, la porcelaine dorée, les débris de vases de cristal, la ferraille, la fonte, les morceaux de pavés, de briques, les pierres, etc. On pourrait abandonner aux boueurs ces objets divers, et exiger que les débris de pavés, de briques, les pierres, fussent acquis à la commune, et mis à part pour remplir des cavités, ferrer les rues non pavées, faire du ciment, etc., etc.

On pourrait encore tirer parti du mâchefer et des débris provenant de la combustion du charbon de terre : ces matériaux, enlevés séparément par le boueur de la commune, serviraient à garnir les rues non pavées, les bas-côtés des rues qui sont pavées dans le milieu, ou bien encore à faire des trottoirs destinés aux piétons.

Lorsque nous écrivions en 1832, et que nous conseillions aux maires des villes, aux conseillers municipaux, de chercher à soulager des malheureux en les occupant à la récolte des engrais, nous ne savions pas si ce mode de faire était adopté; depuis, en 1839, nous avons pu nous assurer que dans diverses villes de la Belgique ce moyen est mis en pratique. Nous ne savons pas si partout le moyen est le même, nous nous proposons de nous en assurer; mais voici ce que nous avons vu à Gand, à Bruges et à Liége. A Gand, les boues sont enlevées par deux sortes de *boueurs :* les uns sont des gens du peuple, qui agissent d'après leur propre volonté et qui font le nettoyage de la ville en se servant de brouettes. Le propriétaire d'une brouette parcourt les différents quartiers de la ville; il enlève seulement les immondices qu'il regarde comme pouvant faire un bon fumier, et lorsque sa brouette est pleine, il va la vider dans un lieu où il amasse sa récolte en un tas; lorsque ce tas est assez considérable pour être vendu, il en opère la vente en en débattant le prix avec l'acheteur.

Les autres boueurs sont des vieillards entretenus par la ville; ils la parcourent en tous sens, et ils enlèvent les immondices qu'ils rencontrent et celles qui ont été laissées par les *boueurs libres*. Ces boues sont ensuite conduites dans l'enceinte de la citadelle, et mises en tas; les tas de boues sont vendus au profit de la ville, qui fait servir le produit de la vente à l'entretien des vieillards qui enlèvent ces boues. On m'a dit, mais je ne puis rien affirmer à ce sujet, que le prix retiré des boues suffisait à la dépense faite par la ville de Gand.

A Liége, les ordures sont placées dans des vases en bois faits exprès; ils sont disposés devant les portes, et les ordures déposées dans ces vases sont enlevées par les boueurs.

Ce qui nous a paru être une chose nécessaire dans l'intérêt de la salubrité de la Belgique, c'est la publication d'un règlement sur les lieux où les boues doivent être déposées, car nous avons vu avec peine que les fumiers ramassés par ceux que nous appelons les *boueurs libres* sont entassés dans de petites rues et contre les maisons où logent ces boueurs; ils font de ces rues des cloaques où l'on ne peut passer sans être affecté par une odeur repoussante et tout à fait insalubre.

A Bruges, les immondices sont enlevées et par des hommes du peuple, et par des vieillards; la ville donne des brouettes à ceux qui n'ont pas le moyen d'en acheter; ces boues sont ramassées en tas et ensuite vendues, lorsque les tas sont plus ou moins considérables.

L'enlèvement des boues, à Gand et à Bruges, est fait de telle façon qu'il y règne une extrême propreté; en même temps on sauve de la misère un grand nombre d'hommes qui tirent leur existence de ce travail.

La propreté, dans Paris, pourrait être entretenue constamment dans les rues, à l'aide de cantonniers comme on en voit déjà dans quelques rues. Mais comment payer ces cantonniers? Nous nous sommes demandé si les administrateurs des bureaux de bienfaisance, d'accord avec l'administration municipale, ne pourraient pas désigner pour tel ou tel quartier, tel nombre d'individus qui pourraient faire ce service, de telle façon que, la voie publique étant toujours propre, il ne puisse y avoir production de boues.

Le paiement de ces cantonniers pourrait même être soldé à l'aide d'une *minime souscription* consentie par les habitants des quartiers où fonctionneraient ces cantonniers. En agissant ainsi, on soustrairait à la paresse et à la misère des malheureux dont les forces pourraient être utilisées.

Il y a quelques années, le maire de Stains mit en pratique un mode de faire semblable à celui que nous indiquons : il appela à faire le balayage public les individus inscrits au bureau de charité. Les vrais nécessiteux s'acquittèrent de ce travail; ceux qui n'avaient pas besoin de ce secours ne voulurent pas le faire; il furent alors rayés du tableau, et l'argent qu'ils recevaient de la charité publique fut employé à soulager *les vrais malheureux.*

www.ingramcontent.com/pod-product-compliance
Lightning Source LLC
LaVergne TN
LVHW021745080426
835510LV00010B/1340